新版
日本語語用論入門

コミュニケーション理論
から見た日本語

山岡政紀
牧原　功　著
小野正樹

明治書院

目　次

序章　本書を始めるに当たって
- 0.1　語用論とコミュニケーション理論……………………………………………… 1
- 0.2　コミュニケーション理論の普遍性と用例の個別性……………………… 2
- 0.3　本書の構成と新版のコンセプト………………………………………………… 4

第1章　語用論の基礎
- 1.1　文の意味と発話の意味…………………………………………………………… 7
- 1.2　発話の効力を決定する発話状況……………………………………………… 10
- 1.3　発話状況によって決定される効力…………………………………………… 13
- 1.4　語用論と他領域とのアプローチの違い……………………………………… 19
- 1.5　語用論の諸問題…………………………………………………………………… 23
- 1.6　日本語教育における語用論…………………………………………………… 33

第2章　協調の原理
- 2.1　会話がかみ合うとはどういうことか………………………………………… 37
- 2.2　グライスの協調の原理………………………………………………………… 40
  - 2.2.1　会話における協調性…………………………………………………… 40
  - 2.2.2　4つの下位原則………………………………………………………… 43
- 2.3　会話の推意………………………………………………………………………… 46

第3章　関連性理論
- 3.1　関連性理論の出発………………………………………………………………… 54
- 3.2　関連性…………………………………………………………………………… 58
- 3.3　推意と表意………………………………………………………………………… 60
- 3.4　処理労力と呼び出し可能性…………………………………………………… 61
- 3.5　情報の補完………………………………………………………………………… 63
- 3.6　高次表意…………………………………………………………………………… 66
- 3.7　関連性理論からみた配慮表現………………………………………………… 68

第4章　発話行為論
- 4.0　発話行為論とは何か……………………………………………………………… 71

i

4.1　行為の理論としての発話行為論の概観 …………………… 72
  4.2　オースティンの発話行為論 ……………………………… 78
    4.2.1　遂行文と遂行動詞 …………………………………… 78
    4.2.2　発語行為，発語内行為，発語媒介行為 …………… 80
  4.3　サールの発話行為論 ……………………………………… 82
    4.3.1　オースティンからサールへの発展 ………………… 82
    4.3.2　適切性条件 …………………………………………… 84
    4.3.3　サールの発語内行為の5分類 ……………………… 87
    4.3.4　発語内目的 …………………………………………… 88
    4.3.5　適合方向 ……………………………………………… 91
    4.3.6　表現される心理状態 ………………………………… 92

第5章　発話機能論

  5.0　発話機能とは何か ………………………………………… 95
  5.1　発話機能論の歴史 ………………………………………… 97
  5.2　ハリデーの機能文法における発話機能 ………………… 99
  5.3　サールの発話行為とハリデーの発話機能の比較 …… 101
  5.4　山岡政紀の発話機能論 ………………………………… 105
    5.4.1　発話役割と連 ……………………………………… 106
    5.4.2　語用論的条件と命題内容条件 …………………… 107
    5.4.3　語用論的条件の共有 ……………………………… 108
    5.4.4　《付与》からの連の開始 ………………………… 109
    5.4.5　会話における《要求》と《付与》の諸相 ……… 111
    5.4.6　発話機能の5分類 ………………………………… 113
  5.5　発話機能の各範疇 ……………………………………… 114

第6章　ポライトネス理論

  6.1　リーチのポライトネスの原理 ………………………… 125
    6.1.1　気配りの原則・寛大性の原則 …………………… 127
    6.1.2　是認の原則・謙遜の原則 ………………………… 128
    6.1.3　一致の原則 ………………………………………… 129
    6.1.4　共感の原則 ………………………………………… 130

- 6.2 B＆Lのポライトネス理論 ……………………………………… 130
  - 6.2.1 フェイスとFTA ………………………………………… 130
  - 6.2.2 ポライトネス・ストラテジー ………………………… 133
  - 6.2.3 ポジティブポライトネス・ストラテジー …………… 138
  - 6.2.4 ネガティブポライトネス・ストラテジー …………… 140
  - 6.2.5 ほのめかしのストラテジー …………………………… 143
- 6.3 ポライトネス理論のまとめ ………………………………… 145

第7章 日本語の配慮表現
- 7.1 配慮表現とは何か ……………………………………………… 147
- 7.2 配慮表現研究史 ………………………………………………… 149
  - 7.2.1 日本におけるポライトネス理論の紹介 ……………… 149
  - 7.2.2 国語審議会・井出祥子の「敬意表現」………………… 151
  - 7.2.3 配慮表現研究の展開 …………………………………… 153
- 7.3 配慮表現における慣習化と定義 …………………………… 155
  - 7.3.1 慣習化と原義の喪失 …………………………………… 155
  - 7.3.2 日本語配慮表現の事例①「ちょっと」………………… 156
  - 7.3.3 日本語配慮表現の事例②「かもしれない」…………… 157
  - 7.3.4 配慮表現の定義 ………………………………………… 159
  - 7.3.5 メタファーとのアナロジーと辞書への登載 ………… 160
- 7.4 配慮表現の原理 ………………………………………………… 163
- 7.5 配慮表現の分類 ………………………………………………… 166
  - 7.5.1 形式分類 ………………………………………………… 166
  - 7.5.2 機能分類 ………………………………………………… 168
- 7.6 配慮表現の語彙の記述例 ……………………………………… 170

あとがき ……………………………………………………………… 178

参考文献 ……………………………………………………………… 179

索引 …………………………………………………………………… 185

序章　本書を始めるに当たって

0.1　語用論とコミュニケーション理論

　語用論分野の共同研究を続ける著者3名が，本書の刊行について話し合ったのは2007年の夏頃に遡る。談たまたま，大学の「語用論」科目の教科書に適した，理想の入門書がないということが話題になった。一つの不満は，日本語研究者が作った語用論入門書というものが意外に少ないということであった。そして，その必然的帰結として，語用論の観点から注目すべき日本語の言語現象を用例として掲げている入門書が少ない，との見解で一致した。それならば，我々3人が取り組んできた語用論研究のスタンスを反映した新しい語用論入門書を作ろうではないかという話になった。

　著者3名はかつて筑波大学大学院応用言語学専攻に学び，故・寺村秀夫教授や草薙裕教授（現・名誉教授）らから現代日本語文法（統語論）の基礎と研究法を学んだ同窓生である。自分たちが学んできた文法論の中で語用論が占めていた位置は，文法の中の曖昧な部分を処理するための臨時装置，言い換えれば，文法法則の微妙な隙間を埋める補完要素であった。本書1.6で動詞テイル形の解釈に不確定要素が入ってしまうのは，語用論的要因によるものだという説明がある。これなどはまさに，文法で処理しきれない余剰部分を，文脈や知識などの別の要素を加味することで処理可能にする便利な箱としての語用論であった。われわれにとっての語用論は，良くも悪くも，日本語文法の延長上にある"日本語の語用論"から始まっていた。

　筑波大学大学院での一つの大きな出来事が，英語学専攻の開講科目だった中右実教授（現・名誉教授）の講義を聴講し，ここで当時世に出たばかりのLeech (1983) *Principles of Pragmatics*を輪読したことであった。当時は邦訳もまだ出ておらず，用例もすべて英語のまま，まさに"英語の語用論"とし

てこれを学んだ．しかし，その内容は決して統語論の補完要素ではなかった．ここで紹介されたグライスの協調の原理といい，リーチ自身が立てた新しい原理群といい，それらは統語論が持つ慣習的な論理性とは違って，話者の意図や判断によって制御される非慣習的な論理性を持った原理であるということが説明されていた．

　リーチによると，統語的規則というものは，言語の内部構造において自律的な法則として文法化している．これに対して語用論的原理は，コミュニケーションの効率性や対人関係の維持などを話者がその都度行う判断における法則であって，すなわち非慣習的なのだと言う．両者の差異は，個別言語ごとに自律した統語的規則と，個別言語を超えて人間として共通の判断に基づく語用論的原理との質的差異の本質を的確に指摘しており，実に説得的であった．

　著者3名にとって，この2種の語用論を同時に学んだという経歴が共通の理論的基盤となっている．われわれはこの2種をたまたま"日本語の語用論"と"英語の語用論"として学んだが，本質的に言えば，前者は統語論の考察に話者・聴者の存在や前提知識なども含む広義の"文脈"を考慮に加えることで発生する統語論補完的，非自律的な語用論であり，後者は，最初から"文脈"の存在を前提として発話の意味を考察する，自律的な語用論であった．われわれが前者を日本語文法の中で学び，後者を英語の文献で学んだのはあくまでもたまたまであって，理論の性質と個別言語との間に必然的な関係はない．

　後者は，コミュニケーションにおける発話の目的や意図の交換を考察対象とする理論であるから，本書では敢えてコミュニケーション理論と呼ぶことにしたい．

0.2　コミュニケーション理論の普遍性と用例の個別性

　言語学は多くの部門に細分化されている．その中で，音声学（phonetics）のように典型的な言語形式を考察対象とする部門を最右端に置くとするならば，語用論（pragmatics）はその対局の最左端に位置して，純然たる意味を考

察対象とする。個別言語ごとの差異はその形式面に現れるものであるから，右側の部門ほどその差異は大きく，逆に左側の部門ほどその差異は小さい。

チョムスキーの変形文法は，深層構造というある種の意味論的な説明概念を導入しているが，やはり依然として英語の統語構造に依拠した理論であり，この理論を日本語のような全く異なる構造の言語には簡単には適用できず，かなりの複雑な操作を必要とする。

このような統語論の延長上にある非自律的な語用論が個別言語の特徴に依存するものであることは言うまでもない。

しかし，グライスやリーチが提示したコミュニケーション理論の基本原理は，いずれも個別言語を超えた普遍性を有しており，それらの基本原理は日本語についてもほぼ適用可能であった。したがって，日本人の研究者にとってチョムスキーらの統語論よりも遙かにリーチの語用論の方が理解しやすいものであった。英語で学んだ原理が日本語にもだいたいそのまま当てはまっていたのである。

日本で刊行された語用論入門書は，小泉（1990），今井（2001）等をはじめ，後者のコミュニケーション理論を整理して紹介したものが主であった。そこでは，グライスやリーチの他に，オースティンやサールの発話行為論，スペルベルとウィルソン（以下，S＆W）の関連性理論，ブラウンとレヴィンソン（以下，B＆L）のポライトネス理論など，コミュニケーション理論の概説が中心となっていて，日本人の初学者にも十分に理解可能な内容である。

語用論をきちんと正面から学ぼうとするならば，これらのコミュニケーション理論を正しく理解することが肝要である。そのいみで，既存の入門書が概してそのようなスタイルを取ってきたこと自体に異論はない。問題は，グライスやサールら先行研究者が用いた英語の用例をそのまま，あるいはその日本語訳を用いる傾向があったことである。したがって，そこで説明されている事柄は，日本語の具体的言語現象から発したものではなく，理論先行型で，理論の妥当性を説明するための用例という性質を結果的に帯びていた。このような用例の用い方も，コミュニケーション理論の普遍性からの必然的帰結とも言えた。

著者3名の問題意識は，たまたま日本語文法の中で語用論的問題として指

摘されている言語現象であっても，最終的にはコミュニケーション理論の側からのアプローチも可能なはずであり，そのいみで日本語の用例を積極的に多く取り上げ，そこにしっかりとした理論的説明を与えたいということであった。

こうした問題意識のもとに3名で執筆，2010年に刊行したのが『コミュニケーションと配慮表現―日本語語用論入門―』（以下，旧版）であった。旧版は2部構成とし，第1部をコミュニケーション理論の概説とし，第2部を日本語における具体的事例として配慮表現を取り上げた。そして，第2部はもとより，第1部の理論の説明においてもオリジナルな日本語の用例を用いるようにした。

旧版の特徴の一つは第2部を「日本語の配慮表現」としたところにあった。配慮表現はポライトネス理論の現代日本語における応用と言うべき新しい分野であり，未開拓の研究テーマがどっさり埋もれている。

配慮表現とは端的に言えば，相手をなるべく不快にさせず，快い気分にさせるための言語表現である。となると，それはポライトネス理論で説明が可能であるはずだが，本来，ポライトネスは文脈依存的な機能現象であって，言語表現という形式に固着するべきものではない。それでも日本語に配慮表現と呼ぶべき表現が多数存在する事実の側から考察していくと，一定の文脈で一定の表現が担うポライトネス機能が固定的に慣習化している実態がわかる。このように理論と実態との往還作業をしっかりと行っていくことが，語用論という部門の発想，思考法への理解にも資するとの確信のうえから，旧版では第2部として日本語の配慮表現を大きく取り上げた。その結果，確立されたコミュニケーション理論を概説する第1部と，最先端の研究対象である日本語の配慮表現を取り上げた第2部が合体し，教科書の要素（第1部）と研究書の要素（第2部）が1冊のなかに共存することとなったのである。

0.3 本書の構成と新版のコンセプト

教科書と研究書の一石二鳥というのは，旧版の一つの売りでもあった。また，大学で教鞭を執る多くの方に語用論科目の教科書として採用していただ

いたが、その結果、配慮表現という新しい研究テーマに多くの学生たちに関心を持ってもらえたことは我々著者にとっても望外の喜びであった。

しかしながら、配慮表現研究の新しさゆえに、年月の経過とともにさまざまな考察や討議を経て、定義の変更、該当語彙の増加、それに伴う意味機能の多様化など、大幅な更新の必要が生じてきた。2010年時点の最先端の研究成果を収めた旧版第2部が、次第に最先端ではなくなり、大幅な改訂の必要性を感じるようになっていった。とはいえ、2018年時点の最先端の研究成果もまたいずれは最先端ではなくなる。そこで、教科書の要素と研究書の要素をはっきりと切り離すことを決断し、純粋な教科書として再出発を期したのが本書『新版 日本語語用論入門』である。

本書の第1章～第6章は、旧版の第1部の6つの章を引き継いでいる。第1章で語用論の基礎的な考え方を概説したのち、協調の原理（第2章）、関連性理論（第3章）、発話行為論（第4章）、発話機能論（第5章）、ポライトネス理論（第6章）と、既存のコミュニケーション諸理論を紹介している。

なお、第4章「発話行為論」と第5章「発話機能論」は、類似の理論ではあるが歴史も異なり、理論の本質も異なる。発話行為論は話者の意図を中心に個々の発話を分析する理論であるのに対し、発話機能論はコミュニケーションにおける発話参与者間の協調を意識的に理論に取り込んでおり、会話の流れを重視する理論である。このように両者の本質的な相違を重視して別の章として立てている。より十分な理解のためには、第4章と第5章を続けて読むことをお奨めしたい。

そして、第7章として「日本語の配慮表現」についてコンパクトにまとめた。旧版の第2部では、個々の配慮表現の説明にも多くのページを割いていたが、本書では配慮表現の全体を統括する理論の枠組みを示すことに注力した。依然として更なる発展が見込まれる新しい分野であることには違いはないが、この基本的な理論の枠組みはこの方向で確立しつつあるとの判断に基づき、構成している。

本書の教科書としての目的・機能が明確になったことを受けて、各章の構成にもわかりやすさのためのいっそうの教育的な工夫を施した。

まず、各章の冒頭タスクを**イントロダクション・タスク**と銘打ち、読者の

問題意識を喚起する機能を明確にした．これは，読者に自分自身の言語行動に意識を向けてもらい，自己と理論の往還に誘導しながら読み進めてもらうことで理解を深めようという狙いである．そこから理論の概説を展開するが，その途中にも効果的な**タスク**を配した．章末には**練習問題**と**ヒント**を新設し，理解の促進と定着を図った．大学の講義などでも，理解度を測る小テストにも使えて好都合であろう．この本を使用する教員には是非，類題をご自身で作成してみていただきたい．

このように，章頭の**イントロダクション・タスク**，章中の**タスク**，章末の**練習問題・ヒント**を有機的に連動させ，若い学徒が語用論の主要な理論への理解を深めていけるよう，教科書としての特徴を明確にした．これらの欄内では文体に丁寧体を用いるようにしたのも，難解そうな諸理論への抵抗感が少しでも和らぐようにと願った我々著者の配慮のつもりである．そして，全章を通じて日本語のオリジナルな用例を用いていることも，旧版から引き継いだ特徴ではあるが，より教科書らしく活用してもらえることと思う．

また，旧版を刊行して以降の8年間に見られる用語使用のトレンドを反映するよう心がけた．例えば，B&L（1987）の邦訳である田中典子監訳（2011）が出たことの影響もあって，積極的ポライトネス，消極的ポライトネスと訳すよりもポジティブ・ポライトネス，ネガティブ・ポライトネスとカタカナ表記するのが主流となったので，そのような訳語の変更も行っている．

執筆の分担は，第2章は牧原功，第3章は小野正樹，それ以外の章は山岡政紀が担当して執筆に当たったが，相互に意見交換し，最終的に3名の共同で完成させたものである．

さて，本書を通じて一貫するキーワードは「発話の目的」である．意識してお読みいただければ幸いである．研究者諸氏，また，コミュニケーション理論を学ぶ学徒の方々からの忌憚ないご批正を仰ぎたい．

第1章　語用論の基礎

> **イントロダクション・タスク**
>
> (A)の文はどのような意味ですか。また，実際の会話の中である人物が(A)を言ったとしたら，それはどのような意味であると考えられますか。
>
> (A)　広志が圭子と駅で会っていたらしいんです。

1.1　文の意味と発話の意味

　まず，一つの問題を出した。さて，「どのような意味ですか」という質問はどのような意味だろうか（しゃれではない）。これが仮に英文であれば，日本文に翻訳したものが「意味」ということになろう。しかし，日本文の意味を日本文で説明するとなると，それぞれの単語を同じ意味を持つ別の単語で言い換えることになるのだろう。

(B)　広志という名の男性が，鉄道の列車に乗降する施設で，圭子という名の女性と対面している最中であったという伝聞情報を聞いたのです。

　かえって長たらしく面倒な文になった。(B)は(A)の一つ一つの単語を辞書の語釈で置き換えたような文である。ただし，固有名詞は通常の辞書には記載されていないが，「広志」が男性の名（姓ではなく）で，「圭子」が女性の名であることは，日本語社会の通念として知られるところであるので，そのことを補った。

(A)は対人コミュニケーションの現場から切り離された，いわば言語の素材としての文である．さて，この文が実際の会話の中で用いられたとしても，(A)の意味である(B)が変化するわけではない．しかし，誰が誰にこの内容を伝えているのか，双方の前提となっている文脈，共有知識などの諸要素——これを発話状況（speech situations）と呼ぶ——によって，もっと豊かな意味内容が伝達されることになる．例えば，ある発話状況においては(A)によって(C)の内容が伝達されているということがあり得る．なお，ここでは(B)のような各語彙の言い換えは省く．

(C)　あなたの恋人である霜鳥広志[1]が，最近仲が良いという噂の十文字圭子と，ＪＲ中央線八王子駅の駅前で会っていたらしいので，あなたは噂の真偽を確かめたほうがいいですよ．

　(A)のように発話状況から切り離され，言語形式（音声・文字）のみによって構成される言語単位が**文**（sentence）である．
　いっぽう，対人コミュニケーションにおける特定の発話状況の中で文を発することによって，特定的で具体的な意味を伝達するのが**発話**（utterance）である．文は発話の構成要素の一つである．
　文の意味と発話の意味との違いをもって，意味を二つに分類する考え方もある．例えば英国の言語学者リーチ（G. Leech, 1936-2014）は，単語や文などの言語形式が有する意味を**意義**（sense），発話の意味を**効力**（force）として区別している[2]．以下，本書でもこの用語を採用する．
　(A)は文である．これが特定の発話状況において発されたものが発話である．(B)は文の意義を形にしたもの，(C)は発話の効力を形にしたものである．
　ここまでで既におわかりのように，発話の効力は文の意義を中核として包含してはいるが，効力の方が遙かに豊かな意味を伝達することができる．

---

[1] 人物名が特定の人物を指すように，同姓同名の少なそうな珍しい名字を大相撲の元関取の名前から採った．ちなみに霜鳥も十文字も本名だそうである．
[2] Leech（1983）．この用語は Austin（1962）の発語内効力（illocutionary force）に由来している．

8

第1章　語用論の基礎

語用論（pragmatics）とは，言語学の諸部門のなかで，発話の効力が発生するメカニズムを探究する部門である。

　発話状況から切り離され，抽象化された文は，文字で記された書記言語によって示されることが多く，いっぽう発話状況の中で発される発話は，音声言語によって表現されることが多いが，文と発話の関係がそのまま文字と音声という二種の言語形式の関係とパラレルな関係であるわけではない。例えば，教室内でのパターン練習で発する文は「音声による文」であり，最近の若者が行う携帯メールの通信やインターネット上のチャットなどは，発話者の共有知識を活かした「文字による発話」ということになる。

タスク1

　図1のような道路標識を思い浮かべてみましょう。道路標識も意味を持っています。その場合の意味にも意義と効力の区別があるでしょうか。

［図1］

　道路交通教本に図1の標識が記されているとする。この標識の意味は何かと尋ねれば，答えは「一方通行」である。つまり，この矢印の方向にしか通行できないという意味である。実際に運転免許の筆記試験にそういう問題が出る。しかし，それは紙の上に印刷されているだけで，実際の道路標識としての効力を発揮しているわけではない。素材としての「一方通行」の意義を持っているに過ぎない。

　しかし，実際の道路上にこの標識が立っていたとしたら，その意味はより具体的な効力を発揮することになる。例えば，「東方から西方への一方通行」というような，より具体性のある意味を実際に発揮していることになる。時折，暴走族の仕業なのか，何者かにねじ曲げられた道路標識を見かけることがある。仮にこの標識を反対方向にねじ曲げたとしたら「西方から東方への一方通行」という反対の意味になってしまう。事故を招く重大な犯罪である。

つまり，紙に印刷された標識の図（または，標識製造業者の倉庫に山積みされている標識）が持つ意味は言語における文の意義に相当し，実際に標識が道路上のどの位置にどのように設置されているかによって道路上で発する意味は，言語における発話の効力に相当する。

道路標識における標識自体の意義と道路上での効力の関係は，言語における意義と効力の関係と本質的に共通している。ただ，言語の方が効力の発生のメカニズムが圧倒的に複雑なのである。

1.2 発話の効力を決定する発話状況

---タスク2---

発話の効力を決定する要素の中核にあるのが，文の意義であることは間違いありません。そのうえで，文の意義は発話状況からいろいろな付加情報を引き出してきます。ここで発話状況と呼んでいるものは具体的にどのようなものでしょうか。これを確認するために，(A)と(C)をもう一度見比べながら，(A)にはなくて(C)にあるものとは何であるか，考えてみましょう。

(A)　広志が圭子と駅で会っていたらしいんです。
(C)　あなたの恋人である霜鳥広志が，最近つき合っているという噂の十文字圭子と，JR中央線八王子駅の駅前で会っていたらしいと聞いたので，あなたは噂の真偽を確かめたほうがいいですよ。

(A)にはなくて(C)にあるものが，発話状況から得られる効力である。これを整理すると，以下の [1] 〜 [5] となる。

[1] 発話参与者（話者，聴者）

まず，(A)を発話とみなすということは，具体的な対人コミュニケーション

において(A)が誰から（**話者**）誰に向けて（**聴者**）発されたものかということが決まっているということである。つまり，特定の話者から特定の聴者に対して発された発話として解釈されるものである。ここでは仮に話者を特定の人物「良夫」，聴者を同じく「貴子」としよう。

その当事者間において伝達される効力は(A)よりも遙かに豊かなものになる。この場合，その効力の内容が(C)だということである。

会話においては発話を交換するため，話者と聴者の関係は固定されることなく瞬時に入れ替わる。話者になったり聴者になったりしつづける両者を総合して**発話参与者**という。

[2] 言語的文脈

発話の言語形式以外で当該発話の解釈に関与する命題情報群を総称して**文脈**（context）という。文脈は言語的文脈と非言語的文脈に大別できる。

当該発話に先行する発話において提示された情報は，当該発話の効力の決定に関与する可能性がある。例えば，(A)を発話する直前に「広志は最近圭子とつき合っているという噂があるんですよ。」という文が発話されていたとすれば，その情報が当該発話である(A)の効力に関与し，登場人物の類推から「会う」というだけで「デート」の推測を誘引する働きを有することになる。ここで言う先行発話を**言語的文脈**（linguistic context）という。形式文脈（formal context）とも言う。ここでは詳細を略するが，後続発話での情報によって当該発話の効力が補填され，言語的文脈として機能することもある。

[3] 非言語的文脈 ①共有知識

文としての(A)は特定の話者からも抽象化された文形式となっており，登場人物も不特定である。したがって，文としての(A)の意義を示す(B)では登場人物のことを「広志という名の男性」と記すのみである。

日本中に「広志」という男性は大勢いるが，少なくとも発話参与者である「良夫と貴子」のあいだで「広志」と言えば，特定の人物「霜鳥広志」であることが**共有知識**として了解されているわけである。しかも，その「霜鳥広志」がこの発話の聴者貴子の恋人であるということも，二人のあいだの共有

知識となっている。

このように，発話参与者がどのような共有知識を持っているかも効力の内容を左右する。共有されているからこそ，実際の発話においては，「あなたの恋人である広志」のように表現する必要がないのである。

[4] 非言語的文脈 ②社会通念

広い意味では共有知識に含まれるが，発話参与者だけでなく社会が一般的に共有している常識を**社会通念**として区分することもできる。(A)では二人の登場人物の行為を「会っていた」としか言っていないが，それが偶然の遭遇ではなく，未婚の男女が約束して落ち合う，いわゆるデートを想像するのは社会通念と言える。もっとも，「広志」と「圭子」が未婚であることは話者良夫と聴者貴子の共有知識である。このように，これらの要素は互いに相関していることも多い。

共有知識と社会通念を合わせて知識文脈（knowledge context）とも言う。共有知識は個別的知識文脈，社会通念は一般的知識文脈と言い換えられる。

[5] 非言語的文脈 ③場面

さらに，(A)の後続に(D)「ほら，これ見て」のような文が続いたとしよう。「これ」は指示代名詞で，何らかの対象を指示している。日本語教育では，その指示対象が先行発話にある場合を「文脈指示」と言い，会話が行われる物理的な環境（場面）の中にある場合を「場面指示」と言う。「昨晩，テレビで大好きな映画を放送していたので，それを見ました」という文の「それ」の指示対象は「大好きな映画」なので，文脈指示[3]である。しかし，(D)の場合は先行発話に指示対象が見当たらないので，発話状況の中に指示対象がある「場面指示」と考えられる。例えば，良夫が手に持っている写真Eを貴子に見せながら(D)と言ったとすれば，「これ」の指示対象は写真Eである。このように話者と聴者が視覚や聴覚などによって共有する物理的環境が**場面**である。これを状況文脈（situational context）とも言う。

---

[3] 文脈指示の指示対象を「先行詞」と言う。なお，後続文脈を指示する後方照応もあるが，ここでは詳細を略する。

言語学は，(A)のように発話状況を捨象された文を主として研究対象としてきた歴史があり，語用論という分野が新進の後発分野であるために，統語論で議論される文の意義に発話状況を追加して効力をより詳細に決定していくプロセスを理論的に考えがちである。しかし，実際の対人コミュニケーションは，むしろ常にこのような発話状況に満ちたなかで，自然に効力をやり取りしている。対人コミュニケーションこそが言語の本来の機能であると考えるなら，意義よりも効力こそが言語の本来の意味と言っても過言ではないのである。なお，日本語教育における「文脈指示」は，言語的文脈のみを指す狭義の文脈の意味で用いており，[2]の冒頭に記載した広義の文脈とは異なるので注意が必要である。

1.3　発話状況によって決定される効力

　前節では「効力を決定する発話状況」について述べたが，今度は，そのようにして決定される効力の側の主要なものを整理しておきたい。

[1] 指示対象

　まず，効力においては固有名詞の**指示対象 (referent)** が特定される。文の形式(A)における「広志」，「圭子」は，発話の効力(C)では特定の人物「霜鳥広志」，「十文字圭子」である。仮に同姓同名の別人が存在したとしても，ここでの固有名詞は世界に一人しかいない，特定の人物を指している。これは話者と聴者の共有知識によって特定されている。

> タスク3
>
> 　日本語では固有名詞の表示に「吉田さんという人」，「スリナムという国」，「花月園というお店」のように，しばしば「という」という形式を用います。この形式はどのような場合に用いるのか，用法について考えてみましょう。

話者または聴者の少なくとも一方が指示対象を知らない固有名詞には必ず複合格助詞（または複合連体助詞）の「という」が用いられることになっている。このことをもう少し厳密に述べるとすれば，こういうことである。つまり，発話中に登場する人物（事物）を，話者自身が特定できない場合，あるいは，その人物（事物）を聴者が特定できないと話者が信じている場合，また，その両方の場合に，固有名詞とその個体が属する普通名詞とを，「という」で結んで示すのである。(C)の場合，話者良夫が圭子を知らないか，聴者貴子が圭子を知らないと話者良夫が信じているかのどちらか，あるいはその両方の場合に(F)のように表現される。

　(F)　広志が圭子という人と駅で会っていたらしいんです。

　また，(A)には「駅」という語が使われているが，これも発話参与者である「良夫と貴子」がともに八王子市民であるならば，ただ単に「駅」という時はふつう八王子駅を指すことになる。したがって，発話の効力(C)では「八王子駅」と，駅の指示対象が固有名詞によって特定されている。日本語は英語の冠詞 the と a の機能のように，名詞の定と不定とを区別する言語形式を持たないが，(A)を発話とした場合には，発話参与者次第で「駅」が定名詞句に限定され得る。
　また，指示代名詞や人称代名詞の指示対象も発話においては特定される場合が多い。例えば「私が犯人です」という文が紙に記されていたとしても，文は話者から切り離されているために誰が犯人かわからないが（筆跡など話者を特定する根拠があれば話は別だが），誰かが話しことばでこの文を発話すれば，その話者が「私」であり，犯人ということになる。
　このように言語形式が言語外の諸要素を指示する現象全般を**言語外指示**(deixis) と呼ぶ[4]。その指示対象は発話状況しだいで特定されるため，言語外指示は語用論の研究テーマの一つとされてきた。「さっき，あした，来年」のような時間を表す表現も，発話においては言語外の特定時間を指示す

---

[4] 日本語では直示と訳すか，カタカナでダイクシスとすることも多い。

るので,言語外指示の一つということになる。

[2] 省略

　日本語は省略が多い言語ということでもよく知られている。会話の中では発話参与者が了解している要素は,統語論上必要な要素であってもどんどん省略することができる。**省略**（ellipsis）は発話状況と密接な関係がある。

タスク4

　次の会話はテレビドラマのシナリオです。文字だけを見ても意味がわかりにくいですが,実際のドラマを見れば,意味がよくわかります。ここでは文法的に必要な要素が多く省略されています。ドラマを確認しなくても大体は推察できるので,省略部分を補ってみましょう。

(G)　耕平：お近づきの印に。
　　真智子：あ,すいません。
　　元：冷蔵庫,入れときましょうね。
　　耕平：あれ？　二台あるの？
　　瞳：……。
　　真智子：そうなの。私と瞳の……。
　　元：一つ譲ってくれない？　俺たち持ってないんだ。

　　　　　　　　　　　　　（テレビドラマ「君の瞳に恋してる！」より）

　実際のドラマで意味がよくわかるのは,発話状況がクリアに見えているからである。また,ドラマの冒頭からの文脈もわかっていることが前提である。これをすべて文の主語・目的語・補語など,文法上必要な成分として補完するとすれば,次のようになる（下線部は補完した部分）。

(H)　耕平：<u>わたしたち二人はあなたたち二人に,</u>お近づきの印に<u>ビールを</u>　　　　<u>さしあげます</u>。
　　真智子：あ,すいません。

元：わたしたちはビールをあなたの冷蔵庫に、入れときましょうね。
　耕平：あれ？　あなたたちの部屋には冷蔵庫が二台あるの？
　瞳：……。
　真智子：そうなの。私と瞳の冷蔵庫が一台ずつあるの。
　元：あなたたちはわたしたちに冷蔵庫を一つ譲ってくれない？　俺たち持ってないんだ。

　主語と動詞が完備していないと非文になってしまう英語とは違い、日本語の場合は発話状況でわかる要素はどんどん省略することができ、効力として伝達される。そのため、英語ではIやyouなどの人称代名詞が多用されるのに対し、日本語では「わたし」や「あなた」などの人称代名詞は必要最小限しか用いない。
　したがって、人称代名詞の指示対象の効力が語用論的に決定するだけではなく、人称代名詞がなくても省略要素として同じ効力が伝達される。例えば、(I)を良夫が発話したとすれば、「私」の指示対象は話者良夫であることが明らかである。

　(I)　私は広志が圭子と駅で会っていたと聞きました。

　さらに、(J)のように「私は」を省略しても、「聞きました」の主語がやはり話者良夫であると通常理解されるため、人称代名詞が省略されてもその指示対象だけが効力として伝達されていると認められる。

　(J)　広志が圭子と駅で会っていたと聞きました。

　同様に、場面の諸要素は指示代名詞で指示することもできるし、省略することもできる。自分が差し出す写真に相手の注意を引きたいとき、(D)「ほら、これ見て」と言うのも、「これ」を省略して(D)'「ほら、見て」とだけ言うのも、効力は変わらない。動詞「見る」の目的語が、差し出された写真であることが発話参与者にはわかるからである。

[3] 推意

会話の流れの中で発話された文には，社会通念や共有知識を利用して，より豊かな意味が効力として発動することが多い。これを語用論的含意または**推意**（implicature）という[5]。

仮に，(A)の話者良夫が，聴者貴子との間で，共有知識(K)(L)が共有されていると認識しているとしよう。

(K) 広志が圭子とつきあっているといううわさがある。
(L) (K)を裏付ける事実が生じたときには，貴子が広志に真偽を確認することになっている。

そのような発話状況のもとで良夫が(A)「広志が圭子と駅で会っていたらしいんです」と発話したとすれば，(A)は(M)のような《忠告》の効力を推意として内包することになる。

(M) 今すぐ，広志と連絡をとって，うわさの真偽を確かめるべきだ。

そもそも，(A)のような文がわざわざ伝達されるからには，伝えられた側から見て何らかの情報価値があると考えるのが普通である。そこで聴者は，ありとあらゆる発話状況の情報を駆使して，(A)の情報価値を引き出す。このような思考活動のもとになっているのは，第2章で述べる「協調の原理」である。

---タスク5---
(N)の会話は一見すると，bがaの疑問に正面から答えてはいないように見えますが，ある条件下では十分に意味が通じる場合があります。どのような場合か，考えてみましょう。

---
[5] 「山田は男性だ」という文は発話状況とは無関係に「山田は女性でない」を常に含意する。これは論理的含意（entailment）と言って別種のものである。

(N)　a：今日は吉田君，遅いね。どうしたんだろう。
　　　b：中央線が事故で止まってるってニュースで言ってたよ。

　aは相手bがこのように答えた場合，前提知識をフル稼働して，aとbの発話の隔たりを埋めようとする。例えば，「吉田君は中央線で通っている」という共有知識があれば，事故が遅刻の原因だという推意が効力として伝えられる。仮にaがそのような知識を持っていなかったとしても，bはこの発話の流れに関連のあることを述べているはずだとして，aとbの間を埋める命題を推論する。従って，その場合aは「吉田君って，中央線で通ってるんだっけ」と聞き返すことになるであろう。これも一種の推意である。

[4] ポライトネス
　情報の効率性ということを言うなら，いっそのこと，(M)をそのまま発話してしまえばよさそうなものだが，それは別の目的で避けられている可能性がある。例えば，聴者貴子に敬意を表して，なるべく指図するような言い方は避けたいというような場合が考えられる。これは，話者と聴者の間の人間関係をなるべく良好に保ちたいとの欲求に基づく言語行動である。そして，そのような言語行動を通じて，聴者に対するいたわり，同情などの心情を伝える効果も生まれる。これもある種の効力であると見なすことができる。ここれは一般的に**ポライトネス**（politeness）と呼ばれるものであり，第6章「ポライトネス理論」で詳しく述べる。

[5] 発話の目的
　発話状況に存在する文脈には莫大な量の知識や情報が含まれているが，その中から当該発話の解釈に必要な情報を適切に抽出することが可能なのは，当該発話の目的がより明確になるように解釈しようとするからである。その意味では発話の目的は発話状況を制約する要因でもあるが，同時に，解釈の結果として発話の目的が明確になる面もあり，双方向的な制約関係にある。
　例えば，(A)の文が発話された際に，話者良夫は何の目的でその発話を自分に対して行ったのかと聴者貴子は考える。そこで，[3] の推意によって(A)が

(M)「今すぐ,広志と連絡をとって,うわさの真偽を確かめるべきだ」と解釈され,(A)を発話した目的が《忠告》であったことが聴者貴子に理解される。また,そのように発話の目的が明確になるように,共有知識の中から(K)(L)を引き出したとも言える。

発話の目的は本書のすべての章に関わる統一テーマだが,その理論化という点では第5章「発話機能論」を重点的に参照してもらいたい。

1.4 語用論と他領域とのアプローチの違い

言語学には,音声学(phonetics),音韻論(phonology),形態論(morphology),語彙論(lexicology),統語論(syntax),意味論(semantics),語用論(pragmatics)などの諸部門がある。言語を成す最も基本的な要素とは,形式と意味とであるが,純然たる形式を扱う音声学と純然たる意味を扱う語用論とが左右の両端にある。どの部門がより基礎的であるというようなことは一概には言えないが,言語学の発達の歴史から言えば,19世紀から20世紀にかけてのアメリカを中心とした構造主義言語学により,音声学から形態論までの形式的部門が発達し,続いて20世紀後半の変形生成文法により,統語論が急速に発達した。語用論は,本来は言語学の隣接領域であった言語哲学での議論が,20世紀末になって結果として言語学に浸食してきたような状況で今日に至っており,統語論を専門とする言語学者は同じ議論の俎上に載せたがらない傾向がある。ここでは,語用論と言語学の他領域とがいかに異なるアプローチをするか,ということを示すにとどめる。

①形態論

形態論(morphology)は,音連鎖に対する意味の割り当てを形態素(morpheme)として記述し,各形態素の自立性や連関性などを考察する部門である。

(O)は音連鎖を国際音声字母(IPA)で表記したものである。これに意味を割り当てて有意味な単位に分節し,形態素として音素記号で表記したものが(O)'である。{ }は形態素を表示する括弧(ブレス)である。

(O)　[hiroʃiŋake:kotoekideatteitaraʃii]
(O)'　{hirosi} {ga} {keiko} {to} {eki} {de} {aw} {tei} {ta} {rasii}

　前半の［hiroʃiŋake:kotoekide］は 6 つの形態素から成り，一つの名詞に一つの助詞がそれぞれ接続している。名詞は自立的形態素の実質語であり，助詞は非自立的形態素の機能語である。後半の［atteitara ʃii］は 4 つの非自立的形態素から成り，先頭の {aw} は動詞語幹で実質語だが，あとの三つは動詞語尾とされる接辞である。各接辞は，それぞれ異なる文法カテゴリーを表示している。列挙すると下記のようになる。- は別の形態素が必ず接続することを表している。

　　{aw-}　　動詞語幹
　　{-tei}　　アスペクト：継続
　　{-ta}　　時制：過去
　　{-rashii}　モダリティ：伝聞

　このように言語形式の素材としての，最小の有意味単位である形態素について分析するのが形態論である。

②語彙論
　文を作る素材である，おびただしい数の語について，それらを分類したり，相互の関係を記述したりする部門が語彙論（lexicology）である。
　文(A)の意義を(B)と言い換える際に，各語が有する辞書的意味（lexical meaning）について言及したが，各語の属性としては，意義以外にも統語上の様々な性質を有しており，共通の性質を有するものを，名詞，動詞，助詞などの品詞として範疇化する。なお，動詞の語尾を助動詞や補助動詞として一つの品詞と認めるのか，動詞の一部を構成する接辞と見なすのかは，形態論の立場によって異なる。
　さらに，語の意義を素性に分解していくことによって，共通の意義素性を有するものを類義語として語彙と見なすこともできる。例えば，「駅，停留

所,バス停,港,空港」などは乗り物の発着所という共通の意義素性を持つ類義語と見なすことができる。この語彙全体を表現する上位語は存在しないが,「鉛筆,ボールペン,シャーペン,万年筆,筆」ならば,「筆記用具」という上位語が存在する。このように,意義の観点から語の関係性を記述することもできる。

③統語論

統語論(=構文論：syntax)は,文中における語と語の関係性を考察する部門である。(I)「私は広志が圭子と駅で会っていたと聞きました」のような文では,大きな文(母型文,matrix sentence)の中に小さな文(補文,complement sentence)が入っている。このような構文を補文構造と言う。つまり,この文は,補文「広志が圭子と駅で会っていた」と,母型文「私は〜と聞きました」の二つの文に分解できる。補文を括弧で表示すると次のようになる。

(I)′　私は［広志が圭子と駅で会っていた］と聞きました。

日本語文の必須要素として,主語と述語があり,任意要素として,補語がある。(I)では,補文と母型文のそれぞれに主語,述語,補語がある。なお,母型文の補語に相当するのが補文である。

(I)″　句構造標識①樹形図(tree diagram)

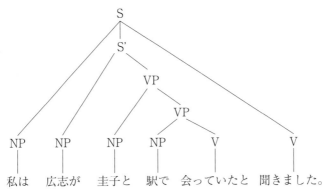

句構造標識②名札付括弧（labeled bracket）
[s 私は [s 広志が [vp 圭子と [vp 駅で [v 会っていた]]]] と聞きました]

　以上，見てきたように，形態論，語彙論，統語論は，いずれも言語形式の側からそれと対応する意味について研究するものであるが，語用論は意味の側から見て，その構成要素の一つとして文という言語形式を考慮するものであるから，アプローチが全く異なるのである。

④社会言語学
　基礎的な理論言語学とは別に，周辺領域と関連する応用言語学がいくつかある。社会学と関連する社会言語学，心理学と関係する心理言語学，数理科学と関連する数理言語学，教育学と関連する教育言語学（狭義の応用言語学），哲学と関連する言語哲学などである。この中で，一見して語用論と類似しているように見えるのが社会言語学（socio-linguistics）である。
　社会言語学とは，言語とその背後にある社会的，文化的背景との関係を体系的に記述する分野である。その研究テーマをいくつか挙げるとすれば，まず，言語変種を記述する方言（dialect）の研究がある。これには地域差による音韻，語彙，文法の変種を扱う地域方言と，性別，職業等などの位相差による，主に語彙の変種を扱う社会方言とがある。また個人における言語変種（idiolect）もこれに含まれる。二言語併用（bilingual）やコード・スイッチング（code-switching）は，心理言語学にも関わるテーマである。移民や貿易などによって複数の言語が混交する言語接触の研究も社会言語学のテーマである。ハワイにおけるピジン語，クレオール語の研究は特に有名である。国家の公用語や，教育・公共放送・公文書での使用言語に関する行政の施策を研究する言語政策研究，さらに，情報流通論，言語文化論，言語行動論なども社会言語学のテーマである。
　社会言語学はこのように，社会と言語との関係を体系的・一般的に記述しようとするものであるのに対し，語用論は言語使用者と言語との一回的，偶然的関係を記述しようとするものである。したがって，社会言語学が応用言語学であるのに対し，語用論はあくまでの基礎的な理論言語学の一部門であ

る。語用論の中には言語文化による差異を扱う場合があることは事実だが，それは語彙論や統語論にも方言による差異が横断的に記述されることを考えれば，その延長上にある文化差と見るべきなのである。

1.5　語用論の諸問題

　語用論という理論分野が特に意識されるのは，文（sentence）の意義と発話（utterance）の効力とのあいだに情報量のギャップがあるような事例に直面した時である。ここではその事例をいくつか挙げ，実際のコミュニケーションにおいてその効力がどのようにして補完されて伝達されるのか，ということについて一つ一つ見ていきたい。それぞれ，文の形式を(S)，発話の効力を形式化したものを(U)として，対比させることにする。それによって語用論がカバーする領域の広さがある程度理解できるはずである。また，この中で日本語学における語用論研究のいくつかの先行事例にも言及したい。

①三尾砂の場面論

> （１S）【文の形式】
> 「へえ，旦那……」「ありがとう」「どうぞ」「ああ，ありがとう」

> （１U）【発話の効力】
> A（銚子をうけとってBに）「へえ，旦那，お酌いたします」
> B「ありがとう。お酌してもらうよ」（さかずきを出す）
> A（しゃくをする。自分のさかずきをあけてCにさす）「どうぞ，さかずきをお持ちください」
> C「ああ，さかずきをくれてありがとう。」（うけとる）

　20世紀半ばの国語学において，話し言葉に関する議論の中で，発話の場面に言及した学者たちがいる。時枝誠記，佐久間鼎，三尾砂，永野賢などで，彼らの研究は，「場面論」として範疇化できるぐらいの勢力となっていた。その一人で，心理学出身の国語学者であった三尾砂（1903-1989）は話し

言葉の発話状況全般を「場」と呼んで,「あるしゅんかんにおいて,言語行動になんらかの影響をあたえる条件の総体」と定義している。言語行動に影響を与えるというのは,言語の主体に影響を与えることである。
　(1S)は三尾(1948)に示された用例で,襖を隔てて聞こえてくる会話だという。これだけではいったい何のやり取りをしているのかわからないが,襖を開けてみると,(1U)のような状況が展開されている。
　これに対する三尾の説明は「話手ときき手の間では文脈が完全に成り立っていながら,当事者の主観から切りはなすと,文脈としての十全性を失ってしまう(下線は本書の筆者)」というものである。下線部から,三尾の「文脈」が広義の用語であることがわかる。つまり,言語的な先行文脈というより,話者が認識するところの発話状況全般を指しており,彼はこれを「心理学的文脈」とも呼んでいる。
　この用例は発話が発話状況にいかに依存しているかを雄弁に物語る事例である。ここで想定されている(1S)の解釈者は,(1S)の発話参与者から聴者と認識された者ではなく,たまたま襖の向こう側にいた傍観者にすぎないので,コミュニケーション不全が起きて当然である。要するにこれは,発話状況が捨象された書記メモと同じ状況を仮想しているわけである。

②永野賢の場面論

> (2S)【文の形式】いちばん下の妹さんは,坊ちゃんね。

> (2U)【発話の効力】
> 　義父と懇意のその方は,妻のきょうだいの子どもの話を始めた。義兄のところに女の子がふたり,わたしの家にも女の子がふたり,そして,「末の妹のところに初めて男の孫が生まれた」,という話をしたのであった。

　国語教育学者であった永野賢(1922-2000)もまた,場面論に類する多くの論考を残した。(2S)は永野賢(1957)に紹介された例である。なお,(2U)の効力は,少し要約して記した。この論考は,「女は男である」という

逆説的な文を冒頭に置いて，日本語会話における場面依存についての問題提起を行ったものである。

（2S）だけを見ると，「女は男である」という奇妙なことになるが，適切な文脈のなかでは（2U）と解釈され，ごく普通の文となり得る。ここでは兄妹のそれぞれの子ども，すなわち義父から見れば孫たちの性別の話をしている文脈だということである。この用例は，①の例とは違って，言語的文脈によって発生する効力を示すもので，一連の談話（discourse）の結束性を示すものとも言える。談話中の一文だけを取り出しても，その効力は適切には伝わらないということである。

③題述関係における省略Ⅰ（ウナギ文）

（3S）【文の形式】ぼくはウナギだ。

（3U）【発話の効力】ぼくはウナギ丼を注文します。

（3S）は「ウナギ文」と称されるもので，日本語の名詞述語文「AハBダ」が必ずしもAとBの同定（僕は田中です）やAのBへの所属（僕は大学生です）といったAとBとの論理的関係を表すとは限らず，発話状況に依存して柔軟な意味を持ち得ることを示す象徴的な文である。この場合，料理店で客が店員に注文を告げる場面という発話状況においてこのような効力が生じる。また，「ウナギ丼」のような料理名に対し，単に「ウナギ」という通称が用いられているが，要は注文の内容が店員に伝われば，この発話の目的は達せられていることになる。

この「ウナギ文」を有名にしたのは，奥津敬一郎（1978）である。そこでは，「ウナギ文」について，ダが動詞や形容詞を代用する機能を持っていると説明している。たしかに，「先生は職員室です」，「太郎は衆議院を解散しない考えだ」のような文も，それぞれ「〜にいる」，「〜を持っている」といった述語の代用と言える。

もっとも，ダという助詞そのものにそういった機能があるというより，日本語の題述関係における状況依存的性質ということが本質であろう。実際の

ところ，ダを用いずに「ぼくはウナギ」とだけ言う方が自然である。つまり，ハによって結ばれる主題と述部の関係こそが，状況依存的な豊かな効力を包含し得る力を持っているのである。ダはその述語の形を整える働きを持っているのにすぎない。

このような状況依存文は日本語に特有な表現であり，これを他言語に翻訳する際には，効力を補って翻訳する必要がある。英語で "I am an eel." と訳したら，話者自身がウナギというおかしなことになる。これも，主語＝述語における論理的関係と，主題＝述部における状況依存的関係との違いを明確にしておくことが大事である。

④題述関係における省略Ⅱ

> （4S）【文の形式】あの顔は，合格したな。
>
> （4U）【発話の効力】
>   入学試験の合格発表を見て帰ってきた娘の顔を窓から見ていると，嬉しそうな顔をしているから，きっと合格したんだろうな。

（4S）もまた，ウナギ文ではないが，ハによる題述文が状況依存的性格を持つことを示す例である。「顔」と「合格」とを論理的な主述関係として結びつけようとすると，美人コンテストの予選にでも行ったのかというような話になる。しかし，実際には（4U）のような効力を持ち得るのである。（4S）が独り言ではなく，聴者がいるのだとすれば，話者の娘が合格発表を見に出かけていて，もうすぐ帰ってくるということを共有知識として持っていると，話者が信じているような聴者でなければならない。共有されている情報を省略した結果が，（4S）のような文になっていると考えられる。

⑤会話における省略

> （5S）【文の形式】A「あ，広田さんだ。」
>   B「ずいぶん太ったみたいだねえ。」

> （5Ｕ）【発話の効力】Ａ「あ，向こうから来る人は広田さんだ」
> 　　　　　　　　　Ｂ「広田さんはずいぶん太ったみたいだねえ」

　会話においては，双方にとって相手の先行発話が文脈となり，後続する発話において省略が可能になる。そして，視覚的に共有されている場面情報もまた，後続発話における省略を可能にする。（5Ｓ）では，会話中の人物Ａと人物Ｂの二者の視界に第三の人物「広田さん」が視覚に入っており，その視覚情報が発話Ａにおける省略された主題となっている。発話Ｂにおいても主語「広田さん」が省略されているが，これは文脈からの省略とも取れるし，場面からの省略とも取れる。

　なお，（5Ｓ）にはもう一つ別の発話状況が想定可能である。つまり，人物Ｂが「広田さん」である可能性である。その場合，発話Ｂの主語，つまり「太った人」は人物Ａと解釈されることになる。この場合は，文脈による省略は行われてはおらず，双方とも場面による省略を行っていることになる。この場合の効力を形にすると，次のようになる。

（5Ｕ）'【発話の効力】Ａ「あ，あなたは広田さんだね」
　　　　　　　　　　Ｂ「Ａさん，あなたはずいぶん太ったみたいだねえ」

⑥皮肉

> （6Ｓ）【文の形式】君は実にすばらしいタイピストだね。
>
> （6Ｕ）【発話の効力】君は間違いだらけのひどいタイピストだね。

　職場の上司が部下の作成した書類を見て，短時間に一つのタイプミスもない書類を作成したことを誉めたのだとすれば，この発話は《賞賛》ということになり，意義と効力のギャップは少ない。しかし，タイプミスだらけのひどい書類を見て，このように言ったとすれば，実際は全く正反対の《非難》ということになる。このように，《非難》を言うときに直接的な表現を避け

て，遠回しに行う表現技法は**皮肉**（irony）と呼ばれる。皮肉は相手に対する配慮に基づく表現技法である。直接的であれ，皮肉であれ，相手に対する《非難》という目的は共通しているが，相手の欠点を直接的に表現することは，その話者が精神的な負荷を負うため，それを避けて遠回しに相手の欠点に言及し，相手自身がそれを自覚するよう示唆することで，結果として，相手に改善を求める機能も果たすことになる。

⑦メタファー

> （7 S）【文の形式】
>   淡い虹色をほのかに放つこの童話の一つ一つのページに，明子が一関で経験した喜怒哀楽の錦糸が，縦横に織り込まれていた。

> （7 U）【発話の効力】
>   明子が記したこの童話は，穏やかな表現の中にも色彩感があり，一つ一つの言葉に，明子が一関で経験した出来事を通じて感じた喜怒哀楽が縦糸と横糸の絡み合いのように関連づけながら表現されていた。

メタファー（metaphor）[6]に関する用例である。メタファーとは，ある事物について述べるときに，その事物そのものではなく，それと何らかの観点で共通の属性を持つ別の語句を用いて表現することで，豊かなイメージを喚起しようとする表現技法である。メタファーに使用された語は辞書的な原義とは異なる意味で臨時に用いられるが，共通属性さえ読み取れれば，効力は有効に発生する。

（7 S）は，筆者の自作小説から抜粋した文である。辞書の語釈にはなりにくい，臨時的なメタファーの例である。「淡い虹色をほのかに放つ童話」

---

[6] メタファーは比喩全般を指す広義の用法もあるが，ここでは隠喩のみを指す狭義の用法である。つまり，「モーツァルトを聴く」，「メガネがやってきた」のように隣接物で代用する換喩（metonymy）や，「今日はバスではなく車で行く」の「車」のように，下位概念を上位語で代用する提喩（synecdoche）などの特殊な比喩を除外した一般的比喩のうち，比喩であることを明示する形式を持たない場合を指している。

と言っても，実際に童話は発光しているわけではなく，その童話の属性を比喩的に表現しているのである。童話の穏やかさを「淡い」，単調ではなく変化に富んだ情緒性を「虹色」と表現していると解釈されるであろう。「童話に錦糸が織り込まれている」というのもメタファーである。喜怒哀楽の複雑な絡み合いを縦糸と横糸の絡み合いに喩えているわけである。

　このようなメタファーは臨時的であるがゆえに，発話者の意図と解釈者の意図が正しく一致する保証はない。従って，正確な情報の伝達が求められるような論理的文章においてはあまり好まれない。しかし，情緒的な含意をより多く伝えようとする詩や小説などの文学作品においては，むしろ好んで用いられる表現技法である。論理的意味が不明瞭であればあるほど，情緒的な含意が豊かに伝えられるという面があるのである。

　また，メタファーが慣習化して，当該語彙の新しい語義と認識されることも少なくない。

（7S-2）　タイに旅行して以来，すっかりタイカレーの虜(とりこ)になりました。

　「虜」の原義は「①戦争などで敵に捕らえられた人。捕虜。」（北原保雄編(2010)）であるが，（7S-2）では「虜」が有する「とらわれて離れられない」といった共通属性によってタイカレーが大好きになったという効力を読み取ることができる。本来，メタファーというのは一回的，臨時的に行われるものだが，（7S-2）の「虜」のようにメタファーとして多用されるようになると，辞書の語釈に追加されるようになる。辞書の「虜」の項には原義の①に続き，「②あることに熱中してそこから心が離れられなくなること。また，そのような人」（同）と記載されている。メタファーが成句として慣習化したものがいわゆる慣用句（背に腹はかえられない，下駄を預ける，など）である。

　メタファーの慣習化は，個別言語を超えて普遍的なものから，個別の言語文化の認知特性を反映するものも多く存在し，言語文化論的な観点からも研究が進んでいる。

⑧推意とポライトネスⅠ

> （8S）【文の形式】
> 　うちの会社も経営難に陥ってねえ。今やめた方が特別退職金もつくし，非常に得なんですよ。

> （8U）【発話の効力】
> 　うちの会社も経営難に陥っており，人員削減をしなければなりません。それで，あなたに今すぐ退職を勧告します。今退職されればあなたに特別退職金も出しますから，会社にとってもあなたにとっても利益になる話です。

　（8S）では聴者に対して退職せよとは言っていないのだが，これを言われた聴者は誰もが自分は退職勧告を受けたと思うのが普通である。そう気づかないのであれば相当な脳天気と言うべきであろう。この効力は発話と社会通念によって導かれた推意（implicature）である。

　まず，「経営難」という言葉からは，経営戦略の見直しが求められていることが社会通念として発話参与者の脳裏に想起される。さらに，その内実が「新商品の開発」でもなければ「経費削減」でもなく，「人員削減」であるということは次の文でいよいよ明らかになる。

　そして，この文が他社に勤める飲み仲間と居酒屋で一杯やりながらの会話の中で発話されていたとすれば，これはただの世間話である。しかし，話者が管理職の部長で，聴者が部下であったとしよう。管理職が部下の人事権を持っていることも社会通念である。そして，わざわざ応接室に呼び出されてこう言われたなどということになれば，100％間違いなくリストラの退職勧告という推意が発生し，これが効力となる。

　このように発話参与者は，誰であれいつであれ，発話はある目的を遂行するために行われるものであると信じている。これは，実際に無目的な発話があり得るかどうかということとは無関係に，発話参与者の一般的な態度として認定できる普遍的真理である。相手はただ単に無意味な独り言をつぶやいていると信じてかかるなら，いかなる効力も解釈できない。（8S）では上

司がわざわざ部下である自分を呼びつけて「退職」を話題にしたという発話状況から「退職勧告」という効力を読み取る。相手の意図を解釈するプロセスにおいて、発話参与者間の暗黙のルールとして働いているのがグライス（1975）の協調の原理である。①量の原則「話者は必要なことを述べており、不必要なことは述べていないはずだ」、②質の原則「正しいことを述べており、間違ったことは伝えていないはずだ」、③関連性の原則「この文脈に関連性のあることを述べているはずだ」、④様態の原則「適切な様式で伝えているはずだ」、と。ここで、本来命令文の形式で記されている協調の原理を「～はずだ」と記したのは、これらの原理を解釈に適用する際の思考を表現したものである。協調の原理の詳細については第2章で詳しく見ることにする。

さて、ストレートに「退職しなさい」と言わずに、このような遠回しの言い方をするのは簡潔な表現を求める様態の原則に外れている。なぜこのような言い方をするのか。それは、相手の心情を傷つけるおそれのある発話は、なるべく直接的に言わず、遠回しに言いたいと考えるポライトネス・ストラテジーによる言語行動なのである。

⑨推意とポライトネスⅡ

> （9S）【文の形式】
> A「ねえ、奥さん、門松を一本買って下さいよ」
> B「いいえ結構。私の息子は例の日航機に乗っていたのです。」

> （9U）【発話の効力】
> A「ねえ、奥さん、門松を一本買って下さいよ」
> B「いいえ結構です。私の息子は今年の夏に墜落したあの日本航空ジャンボジェット機に乗っていたのです。ですから、私はあなたから門松を買いません。」

⑨の例も、⑧の例と同様、推意とポライトネスに関連する用例だが、⑧よりも推意のプロセスがより複雑である。（9S）のBはAの発話に対してま

ともに答えず，「息子が日航機に乗っていた」という全く無関係の回答を与えているように見えるが，（9U）ではこの話者が門松の購入を拒否しているという推意が効力となっていることが示されている。いったいどう解釈すれば，このような推意が生まれるのか。この隔たりを埋める推論過程をすべて言語化すると次のようになる。

P1：私の息子は今年の夏に墜落したあの日本航空ジャンボジェット機に乗っていたのです。
P2：私の息子は死にました。
P3：我が家は忌中ですから来年の正月はお祝いをしません。
P4：我が家に門松は必要ありません。
P5：私はあなたから門松を買いません。

ここでは，「例の日航機」と言えば「今年の夏に墜落したあの日本航空ジャンボジェット機」を指すということ，「門松」は正月を祝うための装飾品であること，といった社会通念がこのような命題群を引き出す役割を果たしている。

本来，このような遠回りの解釈が必要となる会話は好まれないが，ここでは，購入依頼を断ることへの遠慮に加え，自身の不幸というある種の禁忌（taboo）に言及することへの抵抗感もあって直接的表現が避けられている。これも一種のポライトネス・ストラテジーである。

こんな遠回りであっても解釈可能なのは，これよりも短い推論過程で済むような解釈が他に存在しないからである。複数の推意が読み取れる場合，より推論過程が単純な推意の方が選択される。このことを体系的に論じたのが，Sperber & Wilson（1986），同（1995）の関連性理論である。第3章で詳細に解説することとしたい。

⑩発話機能と発話の目的

(10S)【文の形式】灰皿ありますか。

> （10U）【発話の効力】私はタバコを吸いたいので，灰皿を私のテーブルに出すことをあなたに依頼します。

　（10S）は，構文的には存在構文（所有構文）の疑問文であり，発話状況から切り離して読めば，灰皿の存在を問う文である。しかし，これをレストランや喫茶店の客が店員に対して発話したものと考えれば，客が自分のテーブルに灰皿を出すことを店員に依頼した発話となる。この《依頼》という効力の正体は，発話が参与者間の人間関係において果たすところの機能——すなわち発話機能である。第5章にて詳しく解説する。

　もちろん，家庭用品店での客の発話というような別の発話状況を想定すれば，商品を購入する意志表示という別の機能を持つことになる。発話機能を支えるのは発話の目的であるが，ただ単に（10S）を発話しながら心の中で《依頼》の目的を念じればそれが相手に伝わるわけではない。話者は，聴者との間でどのような発話状況が共有されているかを意識し，それが聴者にどのように解釈されるかを念頭において発話している。それほどに周到な準備の上で発話の目的は達成されるのである。

1.6　日本語教育における語用論

> **タスク6**
> 　初級日本語教育では，動詞テイル形の解釈として，(11)のような動作の継続と，(12)のような動作結果の存続と，2種類に分けて導入するのが通例です。さて，(13)は，文脈によって解釈が変わります。どのような場合にどちらの解釈になるか，考えてみましょう。
>
> (11)　犬が歩いている。
> (12)　電気が点いている。

⑬　明子さんは服を着ている。

　日本語教育を問わず，外国語教育では，初級が狭義の文法中心で，中級では初級文法の応用や組み合わせ，上級文法では語彙教育が課題となっている。

　中級では，初級で学んだ文法を基礎として，類似の表現との区別や応用的な表現などを学んでいくが，その際に，発話状況による解釈の違いということを教え，文法解釈の柔軟性を学ばせる必要がある。

　タスク6の⑬の場合，通常は動作結果の存続と解釈され，初級日本語教育でもそのような扱いになっている。しかし，⑬'のように，場面という発話状況を補えば，動作の継続に解釈される。

⑬'　明子さんは今，試着室で服を着ている。

　したがって，厳密に言えば⑬自体も二義的なのである。かつて，金田一春彦（1950）では，動詞テイル形が動作結果の存続に解釈される場合，その動詞は瞬間動詞に分類されるとした。⑫の「電気が点く」が瞬間的であることは論を待たないが，「服を着る」動作は必ずしも瞬間的とは言えない。女性が着る和服の着物などは着付けだけで30分以上もかかるとされている。法事に出かける準備をしている家族が，ふすま越しに⑭のような会話をすれば，Bのテイルは動作の継続として自然に解釈される。

⑭　A：何をしているの。早くしなさい。
　　B：まだ着物を着ているの。ちょっと待って。

　さらに，社会通念も語用論的解釈に関係する。

⑮　晴子はこの教会でウェディングドレスを着ている。

⑮のテイル形は，動作結果の存続の他に，やはり中級で導入する経験・記

録の解釈も可能である。この文の話者と聴者が，晴子が既に既婚者であるという知識を共有している場合，更に，ウェディングドレスというものは結婚式の時に一度だけ着るものだという社会通念をここに適用し，結果的に経験・記録の解釈になる。

　また，(16)の場合は，文の可能な解釈が必然的に発話状況を制約する事例である。

(16)　高田君がまゆみに誕生日プレゼントをくれました。

　初級のやりもらい表現においてクレル文を導入する際には，ニ格名詞句は必ず第一人称の「わたし」にするのが通例である。しかし，中級ではここに身内の人物，例えば「わたしの妹に」でもよいと柔軟にしていく。すると，(16)のように妹と表示されていない文であっても，この文を文法的な文であると認めることが可能で，その場合，「まゆみ」が話者の妹なり娘なり，身内の人物の名前である，というように発話状況の方が制約されることになる。

　このように中級日本語教育における文法解釈の応用には語用論的な思考が不可欠である。さらに上級日本語教育においても語用論的知識は必要である。

　上級レベルの語彙・表現教育教材を大別すると，複合辞や文型を提示するＡタイプと，語彙・表現を学ばせるＢタイプがある。前者は中級レベルまでに学んだ文法項目を複合的に組み合わせたものである。後者は専門分野に特化した専門語教育や，慣用句，ことわざ，故事成語，擬音語・擬態語などが挙げられる。この課題は，こうした表現がどのように使われているかという点である。

(17)　猿も木から落ちる

　このことわざは，現代日本語の使用者であれば理解は可能である。だが，このことわざをいつ，どこで，誰に使うのかというと答えに窮するのではないか。

⒅　先生：先ほど書いた漢字間違っておりました。すみませんが，訂正をお願いします。
　　学生：「猿も木から落ちる」と言いますし，わかりました。

　こうしたことわざは学習者の知的レベルを高めることは否定しない。故事成語やことわざは知識としては有益なものであるが，故事成語やことわざは誰に対して，どのような状況で用いるのかを考えると，使用に適した文脈は多くはない。こうした理由から上級語彙の課題として，使用に適した文脈が明確で，かつ，使用頻度が高いものの選定が必要だと考える。慣用句，ことわざ，故事成語は固定化しているのに対して，コロケーション（連語）の場合，語と語の関係が生産的なことは，発話を生成するための教育方法として有効である。コロケーションはメタファーとも結びつくが，個人的生産性という点で異なるものである。

---練習問題---

　次の発話はプロ野球のある試合のあとに監督が，ホームランを打たれた敗戦投手について新聞記者に語った談話です。この発話の効力について説明しなさい。
　「俺にはあんなど真ん中に投げる勇気はないな」

　[ヒント]
　一見，選手をほめているように見えますが，選手の失投を責める文脈ですから皮肉（irony）と解釈した方が発話の目的が明確になります。

第2章　協調の原理

イントロダクション・タスク

　私たちは普段会話を行う上で，どのようなルールに従って会話を行っているのでしょうか。
　上手くいっている会話，破綻していると考えられる会話の例を考えて，会話が正しく成り立つために必要なルールはどのようなものか考えてみてください。

2.1　会話がかみ合うとはどういうことか

タスク1

　誰かと会話をした際に，会話がうまくかみ合っているとか，かみ合っていないとか，相手に伝えたかったことが正しく伝わったとか，伝わらなかったといったような感覚を覚えることがよくあります。そもそも，会話がかみ合うとはどういうことか。(1)〜(7)のかみ合わない会話例を見ながら，どのようなルールがあるのか，考えてみましょう。

(1)　A：あのさあ，営業部の中村さんのこと，聞きたいんだけど，知り合いだったよね？
　　　B：大学の同期でサークルも一緒だったから，よく知ってるよ。
　　　A：私の友達のなおちゃんが，中村さんに付き合ってって言われたらしいんだけど，どんな人なのかなって思って。

B：背が高いよね。

(2) A：今日の会議は何時からだっけ？
B：場所は5階の会議室で，前の会議が午後3時からあるので，その1時間後だったと思います。あ，専務も出席されるようですよ。

(3) A：昨日はちょっと飲み過ぎてしまって，実は今朝は二日酔い気味だったんです。
B：新入社員がそんなことじゃ困るなあ。午前中何だかぼーっとしてるみたいだから体調でも悪いのかなって思ってたんだけど。…。で，昨日はどれくらい飲んだの？
A：え？　飲みませんでしたけど…
B：さっき，飲み過ぎたって言ったじゃないか。
A：そんなこと言いましたっけ？

(4) A：N食品って知ってる？　今まで，あそこの漬け物好きでよく買ってたんだけど，生産地の偽装はするは，賞味期限も正確じゃないはで，さらには発癌性の有害物質まで入ってたっていうんでビックリだよ。
B：そりゃ，健康によさそうな漬け物だね。

(5) A：明日，佐藤や松崎とサッカーの試合見に行くんだけど，一緒に行かない？
B：僕はバーベキューが好きだなあ。

(6) A：今日は暑いですね。
B：今日は金曜日ですよ。

(7) Bは田中さんがミーティングに遅れることを説明している

> B:田中さん，なんか，昔からミュージカルが好きで，大学に入ったらミュージカルのサークルに入りたいなって言ってたんですけど，先月から練習が始まったとかで，今日も終わるのが遅くなりそうだからって言ってたんで，多分，少し遅れてくると思います。

(1)の会話例では，中村さんはどんな人かを聞きたいのだが，その答えとして与えられた情報は「背が高い」というものである。これは，どんな人かという質問に対して「背が高い人である」と答えている点で，相手の要求に質的には正しく答えていると考えられる。しかし，この会話は極めて不自然で，質問をした側は求めている情報を与えられていないと感じるのではないだろうか。

(2)では，会議は何時からという質問に対して，冗長な返答をしているという印象を受ける。会議の場所や，前に会議があるかどうか，誰が出席する予定かは質問されておらず，不要な情報が多すぎる。

これら2つの会話に共通するのは，相手に与える情報の量が適切ではないということである。(1)では必要とされる情報が少なすぎ，(2)では不要な情報が多すぎだと言えるだろう。これらのことから，自然な会話が成り立つためには何らかのルールがあることが読み取れる。(1)(2)から読み取れるものを仮にルール1とすると，それは以下のように記述できそうである。

ルール1：必要な情報が過不足なく与えられるべきである。

(3)の例では，最初に酒を飲み過ぎて二日酔いになったと言っていながら，その後，飲んでいないと返事をしており，そのいずれかは偽ということになる。話者が偽であると認識していることを平然と相手に伝えているという点で問題がありそうである。(4)の例でも，生産地偽装，賞味期限改変，発癌性物質含有という情報を得ているにもかかわらず，それを「健康によさそうだ」と言っている点で，話者が偽であると認識している情報を与えていると考えられる。以上から，自然な会話のためのルール2が読み取れる。

ルール２：偽だと認識していることを言ってはならない。

(5)の会話では，２つの発話は内容的にほとんど無関係で，それぞれが勝手な会話を行っているという印象を受ける。(6)でも同様であるが，これらは関連性のあることを言っていないという点で問題がある。このことから，自然な会話のためのルール３が読み取れる。

ルール３：文脈の流れに沿って関連性のあることを言うべきである。

(7)は「田中さんが遅れる」という情報以外に不要な情報が多すぎるという点では(2)の例とも共通しているが，非常にわかりにくい説明になっている。このことから，自然な会話のためのルール４が読み取れる。

ルール４：簡潔で理解しやすい言い方で言うべきである。

４つのルールとは，端的に言えば，会話において相手が求めている事柄に的確に応えよ，ということである。(1)～(7)ではいずれもAが求めている応答をBが返していない，いわゆる「期待はずれ」の応答になっている。そして，この「期待はずれ」の内実を見ていくと，ここで見てきた４種類のルールに集約されていくわけである。

２．２　グライスの協調の原理

２．２．１　会話における協調性

このような会話を的確に遂行するための条件についての研究に，非常に大きな影響を与えたのは言語哲学者グライス（P. Grice, 1913-1988）であった。彼の主張はこうである。すなわち，会話という営みは，個々の会話参与者が会話の流れから共通の目的や方向性を見いだして，それに沿って当を得た発言を行おうとする協調的な企てである，というのである。

第 2 章　協調の原理

わかりやすく言えば，人は会話において暗黙のうちに，双方ともに相手の目的を自分も共有しようと努めるものである，ということである。これをグライスは協調の原理（cooperative principle）と呼んだ（Grice（1975）p. 45）。

> **協調の原理（cooperative principle）**
> 　会話の中で発話者は，自らの発話を，当該会話の当該段階において，その会話に参加している人たちによって受け入れられている会話の目的や方向に適うようなものにすること。

　人間の発話というものは，その目的に応じて高い自由度が保証されている。どういう時に何を，どの程度詳しく言うのかは全く自由である。そして，他人の心は見ることができないので，その人の発話の目的は発された言葉で判断するしかない。従って，他人に嘘をついて騙すことなど，いとも簡単にできてしまう。にもかかわらず，実際のところ，私たちは日頃，他人との会話に不自由を感じることはほとんどない。その秘密は何かと問うた時に，人は誰でも会話する際にこの協調の原理を暗黙のルールとして発話しているからだ，というのがグライスの主張である。
　医師の問診を引き合いに出してみよう。医師が患者を診察する際，血圧や血液検査などのように，客観的データの数値化によって診断を下すということを行うが，通常その前に問診という言葉による問答法によってある程度の診断を下すのが常である。医師は患者に症状についての質問をする。「いつから，どこが，どのように痛いのか」と。患者は「昨日から胃がきしむように痛いんです」等と答える。それを聞いて医師は「○○という胃の病気ですね」と診断する。しかし，よく考えてみれば，患者の言葉というものは血圧の検査とは違っていくらでも嘘をつくことができる。痛くもないのに「痛い」と言うこともできるし，背中が痛いのに「お腹が痛い」と言うのも自由である。こんなあやふやな言葉というものを根拠にした問診は，客観的な検査に基づく診断に比べて信頼度が著しく低いはずである。にもかかわらず，今でも医師の診察は問診から始まるのが普通であり，問診だけでもある程度診断がなされるというのが実情である。その理由は，診察室の中では，医師

と患者とが「患者の病気を治す」という目的を共有していることが常識的に前提とされているからである。

　医師は患者の病気を治すために症状を訊く。患者も自分の病気を治すために自分の症状を正直に言う。そこで嘘をつくのは自由だが，それは患者自身の利益にならない。したがって，通常の利害から考えればそこで嘘をつくことはないはずだ。そこで医師はそのことを前提として問診を行う。

　もちろん，別の目的を持ったニセ患者が診察に来ることもあり得ない話ではない。例えば，どうしても仕事を休みたい会社員が仮病を使って診断書を取得しようとするかもしれない。あるいは，医師Aの診断力をライバル病院の医師Bが測ろうとして，わざとデタラメな症状を発話することも全くないとは言えまい。これらの場合，医師と患者との目的が合致していないことの結果として，実際にはかかっていない病気の診断が下される。それでも患者側はそれぞれの目的を達成する。医師は騙されて間違った診断を下すが，患者からそのことを責められることはなく，医師の目的も達成されたように見える。

　このような場合，実際には，検査などで患者の嘘がばれることが多いだろうが，会話における協調性の趣旨を考える比喩としてはわかりやすいだろう。

　この比喩の例からもわかるように，協調の原理は法律や学校の校則のような規範的ルールではない。誰かからそんなルールを教わった覚えもない。当然，強制力も持たない。実際のところ，様々な目的のもとにこのルールは破られる。結局のところ，このルールは通常のコミュニケーション成立という目的のために，人が無意識のうちに採用しているルールを言語化した，記述的ルールと言える。

　ここで，規範と記述の対立に注目していただきたい。ルールが行動を制約するのが法律などの規範的ルールであるのに対し，行動の中で無意識に適用されているルールを読み取ったものが記述的ルールである。協調の原理は後者だということである。

　2.1で述べた，自然な会話のための四つのルールはすべてそのいみで記述的なルールに当たることは言うまでもない。グライスがこれらを協調の原

理の下位原則としているので，ここで改めて，グライスが用いた言葉でこれらのルールを検討してみたい。

2.2.2 4つの下位原則

グライスは，協調の原理が実効性をもった原理であることを論証するために，量，質，関連性，様態の4原則を立てた。これは，カントが判断における思考の論理的機能を，量，質，関係，様態の4綱目に立て分けて論じたことに倣ったものである[1]。各原則の中には，さらにまたそれらに付随する規則がある。その内容は以下の通りである（Grice（1975）p. 47）。

協調の原理・4つの下位原則

量の原則（maxim of quantity）
1. 発話に（会話の目的にとって）必要なだけの情報を盛り込むこと。
2. 発話に必要以上の情報を盛り込まないこと。

質の原則（maxim of quality）
真実であることを発話すること。
1. 虚偽であると思っていることは言わないこと。
2. 十分な証拠がないことは言わないこと。

関連性の原則（maxim of relation）
関連性のあることを言うこと。

様態の原則（maxim of manner）
明瞭な言い方をすること。

---

[1] Kant（1781/1787）より

> 1．不明瞭な表現を避けること。
> 2．多義的な表現を避けること。
> 3．簡潔に言うこと（不必要に冗長な言い方をしないこと）。
> 4．順序よく言うこと。

　量の原則は，聴者に与える情報量を適量にせよというものである。盛り込む情報は多すぎても少なすぎてもいけないというルールである。最初に見た会話例では，(1), (2)が量の原則に違反している。発話に必要な情報が盛り込まれていないことが会話として不適格であることはわかりやすいが，多すぎてもいけないというところに注目しておく必要がある。(2)のように会議の開始は4時からだと言えばよいものを，前の会議のことなど余計なことを言うと，A氏は前の会議が延びると見込んで遅く来るかもしれないし，前の会議が終了次第始めるという意味なのかと，間違った判断を相手に与えることになりかねない。専務の出席も，そのことの情報価値を詮索させてしまうことになるだろう。従って，情報は多すぎてもいけないのである。

　質の原則の1つのルールは，話者が偽であると考えていることを言ってはならないというものである。我々は日常の会話の中で，実際は正しくないことを述べることがよくある。質の原則は，正しくないことを述べてはならないというものではなく，正しくないとわかっていることを正しいこととして述べてはならないというもので，正しいと思って正しくないことを述べてしまったというような場合はこの原則に違反しているということにはならない。

　質の原則のもう一つのルールは，根拠のないことを言ってはならないというものである。「あの人，やさしそうだよね」「どうしてそう思うの？」「何となく」というような会話が行われた場合，「やさしそう」と判断する根拠は脆弱だが，話し方，外見，立ち居振る舞いなどから「何となく」そう判断しているとすれば，発話者なりの根拠を持っているということになる。例えば占いなどで「明日，君は大けがをするよ」という場合も，発話者は根拠を持っている。ここで言われるルールは，発話者自身が根拠を持たない事柄を述べてはならないというもので，判断の根拠となるものや脈絡のない中で

「10秒後に地震がある」というような発話がこれに該当すると考えられる。会話例の(3), (4)も質の原則に抵触している例である。

関連性の原則は，文脈上，関連性のあることを述べよというものである。ただし，グライス自身，関連性のどのような種類と焦点があるか，会話の中でどのようにそれが変動するか，主題が変化しても支障を来さないことをどう解釈するべきかなど，多くの問題を含んでいることを認めている。第3章で扱う関連性理論は，この関連性の原則を明確に定義し理論化したものであるが，グライスの主張にあっては，相手が述べたことに関連性のあることを述べなければならないという単純なルールとなっている。上記の会話例では，(5), (6)が関連性の原則に違反している。

様態の原則は，これまでの3つの原則とは異なり，話される内容の問題ではなく，その話し方の様式を問題とするものである。話者はわかりやすく話さなければならないというものである。

(8) A：ここにあったおまんじゅうは君が食べたのか。
　　B：そうだったのかもしれないなあ。
(9) (靴屋のショーケースの前で) このハイヒール，高いね。
(10) A：コンタクト，どこで買ったの。
　　B：駅ビルの大きいデパートの向かいのカラオケ屋の隣のビルの5階にあるアイタウンっていうお店。
(11) A：郵便局はどこにありますか。
　　B：川を渡った右側にあります。その川は200mぐらいまっすぐ駅から歩いたところです。駅では北口に出てください。

下位ルールの不明瞭な表現とは，(8)のように相手にとって意味がとりにくい言い方。多義的な表現とは，(9)のように，高いのがヒールなのか値段なのか，二通りに解釈できるような言い方。冗長な言い方とは，(10)のように言葉を多用してまわりくどく言う言い方。順序よくない言い方とは，(11)のように情報量としては正しいが，順序よくないためにわかりにくい言い方のことである。タスク1の(7)が様態の原則の1と3に違反しており，不明瞭かつ冗長

である。
　しかし，私たちの日常生活においては，不明瞭な表現や多義的な表現が多々用いられている。

(12)　田中さん，明日来られないみたいですよ。
(13)　ちょっとこれ美味しいかも。
(14)　まあ，善処できるよう考えてみます。

　田中さんが実際に来られないということがわかっていて(12)のように言ったり，とても美味しいと感じたのに(13)のように言ったり，最終的には断るつもりで(14)のように言ったりすることは，よくあることである。これらの表現は，様態の原則に違反しているが，むしろより聴者を配慮した表現になる。その理由は，会話の成立において人間関係維持という別の目的が潜在的に常にあるからである。つまり，一つの目的である情報伝達が人間関係を損なう恐れがあると思われる時には，別の目的である人間関係維持の方を優先して，わざと情報を不明瞭に伝えることがあるということである。(8)のBも本当のことを素直に言いにくい心情の表現として意図的に不明瞭に言っているとも取れる。これらは第6章のポライトネス理論，第7章の配慮表現というテーマにつながっていく。

2.3　会話の推意

　グライスは，会話において言語形式では表現されずに会話文脈を拠り所として伝達される意味を**会話の推意**（conversational implicature）[2]と呼んだ。
　推意とは何か，グライスが例示している文をもとに簡単に説明してみると以下のようになる。例えば，動かない車の横で「ガソリンを切らしてしまった」と発話する相手に対して「すぐそこにガソリンスタンドがある」という

---

[2]　implicature はグライスの造語で，日本語訳においても「推意」「含み」「含意」など数種類の訳語が用いられているが，本書では「推意」を用いる [0]。

発話が行われた場合，その発話には，そのガソリンスタンドは営業中で，ガソリンの在庫があるという意味が含まれている。

なお，**推意**（implicature）は語用論的含意と訳されることもあるが，ただ含意と言う場合，論理的含意（entailment）を指すことが多いので，注意が必要である。論理的含意は，「PであればQである」という論理式が成立する場合に「PがQを含意する」と言い換えるものであり，文脈や発話状況に依存しない含意を指す[3]。それに対して推意（＝語用論的含意）は文脈や発話状況にもとづく推論も含む。

なお，会話の推意は，特定的な会話の推意（particularized conversational implicature）と，一般的な会話の推意（generalized conversational implicature）とに区別される。(8)〜(14)はすべて前者の特定的な会話の推意の例である。特定的な会話の推意とは，ある特定の文脈での発話が，その文脈に特有の力を借りて推意を発生させるというものである。この特定的な会話の推意によって，協調の原理の何らかの原則に違反しているように見えても，適切な会話となることがしばしばある。

一般的な会話の推意とは，特定の文脈には依存しないが，社会通念のように一般的に共有されている知識の力を借りて推意を発生させるものである。グライスは一般的な会話の推意の例として以下を挙げている。「Xは今夜ある女性と会っている」と述べた場合，「会っている女性はXの妻でも母でも姉妹でもなく，ただの友人女性でもない」という推意がある，とする。毎日会っている妻や，特別な関係ではない女性と会うことをわざわざこのように述べ立てることは常識的にはあり得ないということである。また，「Xは昨日，ある家に入り，正面のドアを開けたところに亀を見つけた」と言う場合，「その家はXの家ではない」という推意があるという。これらの例では，文の内容が社会通念を誘引して推意を生じさせている訳であり，個別の文脈には依存していないと考えている。

---

[3] 命題「一郎は今，日本にいる」が命題「一郎は今，中国にいない」を含意する，と言う場合の含意は論理的含意である。第1章注5を参照。

―タスク2―

次の(15)～(21)の会話は，グライスの協調の原理に違反しているように見えます。しかし，適切な会話として成立しています。それはなぜでしょうか。

(15) 関連性の原則違反（？）
A：あいつ，この頃仕事に夢中で，食事を取る時間ももったいないなんて言ってたけど，大丈夫かな。
B：彼女でも紹介するかな。

(16) 量の原則違反
A：あなた，去年，海外に出張したのっていつでしたっけ？
B：うーん，11月のいつだったかな，とにかく11月だったと思うけど。

(17) 量の原則違反
A：今度ウチの課に来ることになった佐藤，おまえのところにいたんだって？　どう？
B：優秀な社員だね。
A：どんなふうに？
B：とにかく優秀な社員だな。

(18) 質の原則違反
A：ここのところ，睡眠不足だし，食事はインスタント物ばかりだし，運動もしてないし，マズイと思うんだよな。
B：健康的な生活してるな。

(19) 様態の原則違反
A：明日のプレゼン，準備は大丈夫だよね。

B：多分，大丈夫だとは思うんですけど…

(20)　様態の原則違反
　　　実はさ，頼みたいことがあって電話したんだけど，この間借りた本，あと3～4日貸してもらえると嬉しいかなって思って…

(21)　様態の原則違反
　　　A：今夜，みんなで飲みに行こうってことになったんだけど，来るよな？
　　　B：え，今夜は，ちょっと…

　(15)～(21)は，協調の原理に違反しているが，推意の働きによって協調の原理との整合性が生まれ，適切な会話となる例である。グライスはこのような会話を3つのグループに分けて説明している。それを以下に示す。

グループ（A）
　どの原則にも違反していない例。あるいは少なくとも，何らかの原則に違反していることが明白ではない例。

　(15)は，一見すると関連性の原則に違反しているように見えるが，Aの「仕事に熱中しすぎて大丈夫だろうか」という発話に，Bが「彼女でも紹介すれば，仕事以外にも目を向けるようになるだろう」という意図で答えていると解釈することができる。(15)の（？）はこの点を指すものである。この場合，Bが，「彼女でも紹介すれば仕事以外にも目を向けるようになるであろうこと」を信じているという推意があることによって，Aの発話とBの発話との間に関連性が生じ，(15)は適切な会話となる。つまり，(15)はこのような推意の解釈によって協調の原理に全く違反していなかったことになる。これがグループ(A)のタイプの例である。
　以下の例は1.3の［3］推意におけるタスク5の用例である。

49

(22)　a：今日は吉田君，遅いね。どうしたんだろう。
　　　b：中央線が事故で止まってるってニュースで言ってたよ。

　これも，関連性の原則に違反しているように見えるが，「吉田君は中央線で通っている」との知識をaとbが共有していれば，「吉田君は中央線の事故が原因で遅れている」との推意が導き出せる。この場合，結局，関連性の原則には違反していないことになる。

グループ（B）
　ある原則に違反しているが，その理由が他の原則との衝突が仮定されていると考えることで説明できるような例。

　(16)の例は量の原則「1．発話に（会話の目的にとって）必要なだけの情報を盛り込むこと」に違反しているが，それは，実は，質の原則「2．十分な証拠がないことは言わないこと」というルールに従うために起こっていることである。これはグループ(B)のタイプの例と解釈できる。話者は，聴者の要求に対して量の原則を充たす情報を提供しようとすれば（例えば11月の8日だとでたらめに言えば），確実に質の原則に違反することになるとわかっているから，それを避けて量の原則に違反するわけである。この場合の推意は話者が求められている情報について確実な回答を行う根拠を持っていないということである。ここでは量の原則よりも質の原則の方が，優先度が高いように見受けられるが，このことには文化差があり，ある文化では，相手の問いかけに対しては，間違ってもいいから求められただけの情報を返すべきだとする文化もある。そのような文化では，質の原則よりも量の原則が優先されていることになる。

グループ(C)
　原則の巧妙な利用を伴う例。つまり，ある原則に違反することによって，ある種の修辞的技巧を用いた推意を盛り込むという手続きを伴う例。

第2章 協調の原理

⒄以降は，グループ(C)のタイプの事例である。発話された事柄のレベルでは，いずれかの原則が侵害されているものの，聴者の側では，推意を考慮すれば，その原則は守られていると考えるだけの理由があると見ることができる。

⒄では，どんな社員かと聞かれながら，優秀な社員だとしか答えず，量の原則「1．発話に（会話の目的にとって）必要なだけの情報を盛り込むこと」に違反している。しかし，話者は，とにかくすべてにおいて優秀な社員であることを強調しようとしており，それを推意として表現したいために，わざと量の原則を破っていると考えられる。ある種の強調表現である。

⒅は不規則な生活を健康的だと述べており，明らかに質の原則「1．虚偽であると思っていることは言わないこと」に違反している。しかし，これを皮肉（irony）という修辞技法と解釈すれば，実際には正反対の命題「不健康な生活だ」を伝えようとしていることになり，その解釈においては適切な発話ということになる。このようなタイプの推意を生む表現には，皮肉の他に，メタファー（metaphor）もあげることができる。(4)の会話例も皮肉と解釈すれば，適切な会話となる。(5)ではサッカーを観に行かないかと誘われて，バーベキューが好きだと答えて関連性の原則が無視されているが，話者は相手に取り合いたくないということを示し，故意に話題を変えているという推意があると解釈すれば，自然な会話として想定することができる。

⒆以降は様態の原則に違反している例である。多義性や不明瞭さを含む表現であり，本来は避けられるべき表現だと考えられる。しかし，日本語においては，このような表現は日常的なものである。例えば(21)は，《勧誘》に対して《断り》で答えることの気まずさを優先させて，意図的に様態の原則に違反し，不明瞭な言い方をしているわけである。

この点については第6章ポライトネスの原理と，第7章の配慮表現において検討したいが，グライスの考え方で解決しようとすれば，日本語においては，《勧誘》，《依頼》，《断り》，《自賛》など，何らかの意味で相手に心理的負担をかけるような発話においては，多義性や不明瞭さを含んだ表現で発話しても，聴者はそれを多義性や不明瞭さとは解釈せず，聴者への配慮と解釈するという推意があることになる。

51

協調の原理が記述的ルールであることを2.2.1で述べた。相手の発話の意図を理解しようとする際にも、相手が暗黙のうちにこのルールを適用していることを前提とするところから、解釈原理としてこの協調の原理を用いることによって、推意が読み取れるのである。第1章1.5の⑧の「推意とポライトネスⅠ」では、上司の「うちの会社も経営難に陥ってねえ。今やめた方が特別退職金もつくし、非常に得なんですよ」との発話から退職勧告の推意を読み取るプロセスについて述べた。上司と部下との関係で、わざわざ呼び出されてこのように言われれば、聴者は話者の目的が何であるかを推意として読み取ろうとする。そのとき、聴者は、①量の原則「話者は必要なことを述べており、不必要なことは述べていないはずだ」、②質の原則「正しいことを述べており、間違ったことは伝えていないはずだ」、③関連性の原則「この文脈に関連性のあることを述べているはずだ」、④様態の原則「適切な様式で伝えているはずだ」のように、協調の原理を「〜はずだ」文のような解釈原理として適用しようとする。

原文では「会話において〜という原則に従いなさい」と命令文で記されている協調の原理だが、決して命令文によって話者に規範的ルールを課そうとしているわけではない。実際には記述的な原理であるから、「わたしたちは会話においていつも無意識のうちに〜という会話の原則に従っている」と言ったほうがわかりやすい。それをさらに解釈原理として適用すると、「話者は〜という会話の原則に従って話しているはずだ」という前提で、わたしたちは他者の発話を解釈しようとする、ということである。

練習問題

次に示すのは、A、Bという二人の人物の会話です。この会話をグライスの協調の原理を用いて説明しなさい。

A「今度の日曜にいいクラシック音楽のコンサートがあるんだけど、よかったら一緒に行きませんか」
B「ぼくは歌謡曲とか演歌が好きなんですよね」

[ヒント]

　一見すると，BはAの問いに答えていないように見えます。その理由をグライスの協調の原理に照らして考えてみましょう。

　それでもBがAの問いに答えているはずだとすれば，可能な解釈が見つかります。その場合，協調の原理に対する違反はどのように解消されるのか，考えてみましょう。

第3章　関連性理論

> **イントロダクション・タスク**
> 私たちは普段会話を行う中で、いくつかの可能性がある解釈の場合に、どのように話者と聴者の解釈の一致を計るのでしょうか。うまくいっている会話、破綻していると考えられる会話の例を考えて、解釈の一致のためのメカニズムを考えてください。

3.1　関連性理論の出発

タスク1

(1), (2)は日常的な会話ですが、これらの会話が十分に成り立っているのは、どうしてでしょうか？

(1)　A　ねえ、あれいつだったっけ？
　　　B　たしか、明日じゃない。
　　　A　ありがとう。

(2)　A　ラーメン、食べに行かない？
　　　B　さっぱりしたものがいいんだ。
　　　A　じゃあ、サンドイッチにしようか。
　　　B　どこがさっぱりしてるの？

(1)において、Aさんが「ねえ」と呼びかけるBさんとは、両者はどのよう

な関係だろう。また，反応したBさんが「あれ」がすぐに理解できるのには，彼らの間ではどのような伝達がなされていたのだろうか。両者は親しく，また，知識の面から言えば，こうしたコミュニケーションが成立する両者間には，非明示的な対象物「あれ」に対しての**相互知識**（mutual knowledge）があると考えられる。一方，(2)はAさんの申し出に対して，Bさんの答えは拒否だが，拒否の回答とAさんが理解する処理にあたっては，はっきりと「嫌だ」と明示しているわけではないので，Bさんの発話を理解するには**推論**（inference）が働いていると思われる。また，Bさんの「どこがさっぱりしてるの？」という発話から，AさんとBさんには共通認識が持てていないことが窺える。こうした認知と伝達のコミュニケーション上の仕組み解決のアプローチを図ったものが，関連性理論である。

関連性理論とは，人類学者スペルベル（Dan Sperber, 1942-）と言語学者ウィルソン（Deirdre Wilson, 1941-）との共著 Sperber and Wilson（1986）（以下，S&W）において提案された理論で，認知と伝達の点からコミュニケーション上の理解の方法を説明したものである。

協調の原理は，発話を生成する際に話者が暗黙のうちに従うルールであると同時に，聴者にとっては話者の意図を読み取る解釈原理でもあった。しかしながら，無限とも言える解釈可能性の中からどうやって話者の意図に沿った解釈を導き出すのか。また，協調の原理から逸脱した曖昧な表現や不完全な会話は日常的にあふれていても，それでも会話が成立するのはなぜか。これらの疑問に対してグライスの協調の原理は十分に答えられていないとの批判があった。

これに対して，協調の原理のうちの関連性の原則（maxim of relation）「関連性のあることを言うこと」を解釈原理として発展させ，多様な解釈可能性の中から解釈を限定していくために，どのような推論が行われているのか，認知と伝達の点からそのメカニズムを提案し，精緻な理論に組み立てたのが関連性理論であった。

―タスク2―――――

(1)の会話では「ねえ，あれいつだったけ？」と「ねえ」で話しかけて

います。このような「ねえ」「おい」など呼びかけ語や，「〇〇さん」「〇〇ちゃん」などの呼称をあげ，誰に対してどのような状況で使えるかを考えてみましょう。

(1)の発話の状況を考えてみよう。ここで，Aさんが「ねえ」と呼びかけているが，「すみません」や「おい」でもない表現が用いられていることに注意されたい。Bさんも呼びかけに対して，不快な様子はない。呼びかける言葉で，聴者への緊急性や重要性は変わるものである。ここで「おい」と言うならば，聴者に対して，話者の不満や怒りを伝えることを，聴者も覚悟する可能性が高い。

また，Aさんが「あれ」と指示したものと，「(あれは)明日じゃない」とBさんが回答したものの指示対象が，現実世界において同一のものという保証はない。Aさんが「子どもの運動会」を思い浮かべ，Bさんが「町内のボランティア」を思い浮かべることもあり得る。このように頭の中に思い浮かべた仮構物のことを**想定**（assumption）という。想定は，記憶された知識のような確実なものから，願望や想像のような不確実なものまで含めた，頭の中の認知形態の総称である。想定は動的なもので，修正，訂正は常に可能である。

Bさんが「明日じゃない」と答えるためには，仮にBさんにとって複数の想定が解釈可能な場合であっても，推論を働かせて，より**関連性**（relevance）の高い想定を解釈として選択することになる。話者と聴者の間では，以前から共有している（はずの）情報があり，そこに新しい情報が付加されていく。その上で推論がなされていくのである。仮に(1)の「あれ」の指示が複数想定されたとしても，その際には聴者は発話を理解する場合に，**処理労力**（processing effort）の少ない方を優先するだろう。

話題の理解は，その時の聴者にとっての関連性が高いものを優先する。即ち，発話を処理する際に必要とされる処理労力の少ないものが優先され，その結果，**認知効果**（cognitive effect）が得られるのである。認知効果と関連性の関係は，他の条件が等しければ，その情報がもつ認知効果が大きければ大きいほど関連性が高く，その情報を処理するのに必要な処理労力が多いもの

ほど，関連性が低くなるとされる。

　話者と聴者の意識上にあるものが同一のもの，あるいは，想起しやすいものであれば，指示対象が明示的でなくてもコミュニケーションはスムーズになる。(1)の会話では，その場に居合わせた人間がBさん以外にも複数いても，Aさんが日頃，「ねえ」と呼びかける相手は限定されていたり，指などで指示対象を示したりしなくても，「あれ」が共通のものとして，一致している。彼女の名前や，「子供の運動会」といった具体的名詞を言わなくても，理解し合えるのは，処理労力が少ない会話となっているからである。これが，「"ねえ"って誰のこと？」とか，「"あれ"って何？」という応答がある場合もあるが，この場合には認知効果が低い。こうしたメカニズムを関連性と捉え，人はいつも関連性のある情報を選び出し，また場合によっては，関連性の高い優先的な情報の取捨選択ができているのである。

　次に，聴者に発話意図を伝えるメカニズムとは，どのようなものであろうか。

─タスク3─
　(2)の会話は，「ラーメン，食べに行かない？」という誘いに対して，断りの表現をしています。「ラーメンを食べに行く」ことを断る際に，どのように相手に断りの意志を伝えることができるでしょうか。発話のバリエーションとその状況を考えてみましょう。

(2)の会話にはどのような処理労力が働いているだろうか。メカニズムは次のように説明できる。

(3)　a．Bさんはさっぱりしたラーメンが食べたい。
　　　b．ラーメンはさっぱりしていない。
　　　c．Bさんはラーメンは食べたくない。

　Aさんがラーメンに誘ったのに対して，Bさんはそのことに正面から答え

ずに,「さっぱりしたものがいいんだ」と, 一見ラーメンとは無関係な発話をする。するとAさんは, どう解釈すれば関連性があるのかを推論する。ラーメンの中にも「さっぱり」から「こってり」まで多種の味があるから, (3)aを推論として導き出すこともできる。しかし, これではAさんの誘いに対する応答になっておらず, 言い換えれば関連性が低く, そのため更に別の推論を続けなければならない。ここで, Bさんの意識においては「さっぱりしたもの」の中に「ラーメン」が含まれていないとの推論(3)bを導き出せば, 必然的に(3)c, すなわちBさんはAさんの誘いを拒否しているとの推論に至ることができる。したがって, (2)のBさんの発話の解釈においては(3)aよりも(3)bの方が, 処理労力が小さく, 従って関連性が高いと判断できる。この推論に従ってAさんは, 代替案の「サンドイッチ」を提案している。

3.2 関連性

我々は, 情報の全てを聞いているわけではなく, **関連性**(relevance)の高さに応じて情報を取捨選択している。関連性について, S&W (1986)では以下のように, 説明している。

> 人には関連性についての直感が備わっていると考える。つまり, いつも関連性のある情報とそうでない情報とを区別でき, また場合によっては, 関連性の高い情報と低い情報の区別ができると考えている。(p. 144)

直感を支えるものは何であろうか。関連性には, 認知効果と処理労力が働くと述べたように, 話題の理解は, その時の聴者にとっての関連性が高いものが優先される。即ち, 発話を処理する際に必要とされる処理労力の少ないものが優先され, その結果, 認知効果が得られるのである。認知効果と関連性の関係は, 他の条件が等しければ, その情報がもつ認知効果が大きければ大きいほど関連性があり, その情報を処理するのに必要な処理労力が多いものほど, 関連性の度合いが低くなる。多義文を例に考えても, 聴者は文脈に

第3章 関連性理論

照らして関連性の高い解釈を選択していると考えられる。

　我々は多くの情報に囲まれて生活をしていても，その全てを，聞いたり，読んだりしているわけではない。例えば，新聞の朝刊の1ページから最終ページまでを，全て読んでいるだろうか。新聞を読むことができる時間を計算し，見出しを見ながら，自分の関心のあるページを読み進めていくであろう。例えば，「円急騰」という見出し語があったとする。この見出しに対して，どのような人が強い関心を持つだろうか。明日から海外に行く人，外貨貯金を持っている人，あるいは，輸出業者など，為替のレートが気になる人々が関心を持つであろう。また，極端に大幅な為替の変化が起きた場合，仕事中ならば動揺を引きずらないよう，敢えて読み飛ばす人もいるかもしれない。ここで読者への刺激を喚起するのが関連性の高さである。

タスク4

　以下の文は会話がかみ合っているのでしょうか。こうした発話が使われるとしたら，どのような状況でしょうか。

(4)　A　おなかすいたね。食べに行かない。
　　　B　月がきれいだね。

関連性がないと考えられる発話例について，S&W（1986）では(5)〜(7)を挙げている（p.120）。

(5)　1881年5月5日はカブールではよく晴れた日だった。
(6)　あなたは，今，本を読んでいる。
(7)　あなたはぐっすり眠っている。

　これを「**文脈効果（contextual effect）を持たない**」としている（pp.144-145）。上記の3例を説明すると，(5)では新しい情報を提供しても，その情報が文脈中に既存のどの情報とも結びつかない場合である。「1881年5月5日」という時間や，「カブール」というアフガニスタンの都市は，今現在こ

の日本語の本を読んでいる読者にはおそらく関連性は低いであろう。(6)の例は，想定はすでに文脈中に存在し，新しく提示された情報がその想定の強さに影響を与えない場合である。「あなた」は今現在この「関連性理論の章」を読んでおり，それ故，この新しく提示された情報はまったく情報価値がないため，関連性がないことになる。(7)は想定が文脈と食い違い，しかもその文脈を覆すには弱すぎる場合で，その想定を処理しても文脈は変わらない場合である。この本を読んでいる「あなた」と事実関係が異なるからである。

グライスの協調の原理は，会話における自然な発話を生成するために，通常は無意識に従っている暗黙のルールであった。そして，発話の目的によっては，意図的にこのルールを破ることである種の効果を発揮することもできるとしていた。S＆Wの場合は，人間どうしのコミュニケーションとは，本来，発話の目的を相手に伝えようとしてなされるものであると考えた。そして，そのことで相手の推論を引き出そうとするコミュニケーションの技法を，**意図明示推論的伝達**（ostensive-inferential communication）と呼んだ。

3.3　推意と表意

グライスの協調の原理をもとにした**推意**（implicature）の概念については2.3で説明したが，S＆Wの関連性理論では，推意をより論理的で科学的なものに発展させた。その立場から言えば，推意とは，非明示的な話者の意図を文脈（context）[1]に従って解釈し，それによって当該発話が会話の流れの中でより関連性の高いものとなるような補足的な想定のことである。推意は推論によって導き出される。推意は，その推論のメカニズムの観点から，**前提推意**（implicated premise）と**帰結推意**（implicated conclusion）とに分けられている。また，発話形式そのものに語用論的推論を加えることで明示的に伝達される想定は，推意と区別して**表意**（explicature）と呼ばれる。

1　S＆Wにおける文脈という用語は，場面や知識なども含んだ広義の文脈である。

(8)　A：田中君も誘わない？
　　　B：おぼっちゃんには興味ないの。

(8)においてBさんはAさんの質問に対して，はい／いいえで答えてはいないが，これを関連性のある回答と解釈するためには，発話(8)BによってBさんがAさんに伝えようと意図した推意と表意を推論する必要がある。推論として以下の三つの想定が導き出される。

(8)B①　Bさんはおぼっちゃんである田中君には興味がない。（表意）
(8)B②　Bさんは田中君をおぼっちゃんだと思っている。（前提推意）
(8)B③　Bさんは田中君を誘うことを拒否している。（帰結推意）

前提推意とは，(8)Bが(8)Aと関連性のある発話であると聴者が解釈するために，両発話を関連づける橋渡しの役割を果たす想定である。一方，帰結推意とは，前提推意の橋渡しによって(8)Bが意図する最終的な効力として再構築される想定である。また，表意はこれらの推論の結果，発話形式中の語彙「おぼっちゃん」が一般論ではなく，特定の人物「田中君」に指示付与されていることによって形成される（指示付与については後述）。

先に見た(3)においても b「ラーメンはさっぱりしていない」は前提推意で，c「Bさんはラーメンは食べたくない」は帰結推意であった。この場合の前提推意は，Bさんの経験に基づいているが，百科辞典的な知識や社会通念に基づく想定もあり得る。

3.4　処理労力と呼び出し可能性

次に，認知効果は，聴者の**想定**（assumption）をどのように処理するかである。聴者の知識や推論されたものだが，この処理方法について考えてみたい。

友達が来るので，お菓子を準備するとする。前回，その友達の家に呼ばれたときにケーキをご馳走になったので，その友達は甘いものが好きだと想定

する。今回，その友達がケーキを持って来れば，この想定は強化される。しかし，和菓子を出したところ手をつけなかったとしたら，甘いものでも好きなものと嫌いなものがあると想定は修正されるだろう。しかし，手をつけなかった理由が，話の中でダイエット中だとか，来る前にケーキを食べたことを知れば，新たな想定を行うこともあろう。この新たな想定を行う場合に複雑さや現実から考えにくいことが処理労力の程度である。

> **タスク5**
> 「風が吹けば凧が高く上がる」と「風が吹けば桶屋が儲かる」の処理労力について考えてみましょう。また，「風が吹けば」と「桶屋が儲かる」をつなぐ条件節「…ば…」の命題を探し，処理労力の点から考えてみましょう。

「風が吹けば凧が高く上がる」は凧が高く上がるためには風が必要だということを踏まえての主張だが，「風が吹けば桶屋が儲かる」には，「風が吹くと砂埃が出て盲人がふえ，盲人は三味線をひくのでそれに張り替える猫の皮が必要で猫が減り，そのため鼠が増えて桶をかじるので桶屋が繁盛する」(『広辞苑』)とされる。以下のような論理構造となる。

　　風が吹けば砂埃が出る
　　砂埃が出れば盲人が増える
　　盲人が増えれば猫が減る
　　(盲人は三味線をひくのでそれに張り替える猫の皮が必要となる)
　　猫が減れば鼠が増える
　　鼠が増えれば(鼠が桶をかじるので)桶がよく売れて桶屋が繁盛する

　知識や記憶を検索し，有意味な解釈にたどりつけるかどうかを**呼び出し可能性**(accessibility)と言う。「風が吹けば桶屋が儲かる」は「風が吹けば凧が高く上がる」に比べて処理労力が高く，呼び出し可能性が低い。

3.5 情報の補完

発話形式の情報を補完し，表意の形成に貢献する語用論的手段として，①曖昧性の除去（disambiguation），②拡充（enrichment），③指示付与（reference assignment）等がある。

タスク6

多義的になる文を挙げ，その文が発話される状況と解釈を考えてみましょう。

日本語の慣習的な表現「考えておきます」が，字義通りの「考える」ことを継続している場合もあるが，「考えるだけ」で行動には移さないことから，聴者への断りとなる場合もあり，多義とされる。次の例も同様である。

(9) ないものはないよ。

この2つの「ない」が含まれる文は，「ない」ことを否定した「全てある」という意味と，「ない」ことを強調した「全くない」という2つの解釈があり得る。

(9) a 友達に別荘を使って良いよと勧められ，別荘には「ないものはないから，何も持ってこなくていいよ」と言われた場合。
(9) b しつこく，友達に借金を申し込まれても，「ないものはないから，貸せない」と回答する場合。

(9) a が「全てある」という意味で，(9) b が「全くない」ことを表しているが，聴者はそれぞれの文脈に応じた文脈効果の高い解釈によって話者の発話を理解する。筆者の経験として，学生に以下の文を伝えたが，こちらの意図とは異なることがあった。

(10) 水曜日までに，宿題を出して下さい。

採点を急ぎたい教師としては，水曜日に宿題が提出されていることを想定していたが，期日が遅いことを望む学生には，水曜日の夕刻に提出する人もいた。「までに」をめぐる解釈の異なりである。これも文脈によって情報が補われることで文脈効果の高い解釈が選択される。

(10)a 水曜日に採点するから，水曜日までに宿題を出してください。
(10)b 水曜日なら何時でも受け取れるから，水曜日までに宿題を出してください。

このように，複数の解釈があっても一つの解釈に限定することを**曖昧性の除去**（disambiguation）と言う。日本語には，同音異義語が多くあり，そのため単独の単語ではわからず，文脈によりどの意味かが確定される。例えば「写真をとりに行こう」という文で考えてみよう。

(11) 写真をとりに行こう。
(11)a 天気が良いから，お寺に写真をとりに行こう。
(11)b 注文した写真をとりに行こう。

(11)では「とりに行こう」が多義である。しかし，(11)aでは撮影するという意味での「撮りに行こう」を，(11)bではプリントショップなどで受け取るという意味での「取りに行こう」と解釈されよう。(11)だけでは確定できないが，文脈により曖昧性が除去される。

---タスク7---
「彼は<u>できた</u>人だ」「今日は<u>ついて</u>いる」など，どのような意味で解釈されるでしょうか。

通常「できる」とは能力を表し，「英語ができる」「スポーツができる」の

ように何ができるのかを明示的に述べるのが一般的だが，能力の対象を示さないこの例では，「人格が成熟した人」のような別の解釈に拡充している。「ついている」についても，通常は「付着する」という意味だが，この場合には「運がついている，好運である」の解釈に拡充している。このように，文や語の本来の意味では解釈しにくい時に，聴者にとって関連性があると言える解釈まで自由に効力を拡充することを**拡充**（enrichment）と言う。

　他の例としては，⑿〜⒁の下線部の語の解釈において拡充が見られる。

⑿　彼はよく<u>飲む</u>よ。
⒀　今日は<u>熱がある</u>みたいだ。
⒁　週末は<u>何もしなかった</u>。

⑿のように「飲む」の対象物が明示されていない場合，アルコール飲料の解釈に拡充することが多い。ただし，スポーツクラブのマネージャーをしている場合には，水やスポーツドリンクの解釈に拡充するであろう。⒀では，平熱より高い体温がある状態の意味に拡充して解釈し，⒁では，特に説明する必要性があることをしなかったという意味に拡充して解釈する。

　また，情報を補完する方法として，他に**指示付与**（reference assignment）がある。これは，明示的意味を完成するために，発話に使用されている言語形式が要求する指示対象の値（スロット）を文脈から補う方法である。

---タスク8---
　指示付与の例として，次の構造を持つ用例を挙げてみましょう。
　　〔…のためには〕〔…より〕

⒂　駅から近くて，<u>便利</u>だよ。
⒃　バーゲンで<u>買い過ぎ</u>ちゃった。
⒄　<u>みんな</u>が集まったの？

⒂では，何に対して「便利」なのか，⒃ではどんな基準より「買い過ぎ

た」のか，(17)では，どのような「みんな」かは明示されていなくても，聴者は，それぞれ以下のように，補充して理解するであろう。

(15)' 駅から近くて，〔通学，通勤，買い物 …のために〕<u>便利だ</u>よ。
(16)' バーゲンで〔思っていた，予算，必要，…より〕<u>買い過ぎちゃった</u>。
(17)' 〔サークル，同じ語学のクラス，小学校の同級生，…の〕<u>みんな</u>が集まったの？

このように括弧の内容を明示しなくても，話者の想定は聴者には伝えることができる。

3.6 高次表意

関連性理論では，表意の中で特に話者の主観的態度の明示に貢献する表現手段を**高次表意**（higher-level explicature）としている。高次表意は複文構造を持つ文や，前置き表現に見られるものが典型的である。

(18) こうした明快な入門書が世に発表されることは，<u>喜ばしいことだ</u>。
(19) <u>残念なことに</u>，彼はこの作品を完成させる前に世を去った。

「喜ばしいことだ」という複文の述語や，「残念なことに」といった前置き表現が明示されて，話者の主観性が込められている。「こうした明快な入門書が世に発表される」ことや，「彼はこの作品を完成させる前に世を去った」ことに対する，話者の主観的態度の表意である。

日本語では文末モダリティにも同様の働きがあると考えられる。

---タスク9---
文末表現が「～なければならない」「～はずだ」の文を集め，高次表意を考えてみましょう。

第 3 章　関連性理論

次の文を参照されたい。

(20)　きょう第69代横綱，白鵬が誕生し，モンゴル人両横綱の時代が幕を開ける。相撲にとって大事なのは，力士の出身国がどこかではなく，守るべき品格や文化がきちんと受け継がれていくことだ。新横綱にもまだ偉大な父から学ぶべきことが残っている<u>かもしれない</u>。

（毎日新聞『余録』　2007年 5 月30日　東京朝刊）

　これは新聞社説の結論である。「学ぶべきことが残っているかもしれない」は「かもしれない」で可能性を表意しているが，読者に対しては，「残っている」という主張である。この「主張」を読者は読み取ることが，コミュニケーション上の作業である。このように「かもしれない」という可能性を表す表意が，高次表意では別の表意となっていることがある。

(21)　a．あなたは訴えられるかもしれない。
　　　b．訴えられないかもしれない。

　(21)a は「訴えられる」という危険性を伝え，(21)b は「訴えられない」という安心感や励ましを伝えることができる。これを高次表意で示すと，(21)a は「注意する」「覚悟する」，(21)b は「安心する」という発語動詞に置き換えができる。

(21)'a．あなたは訴えられるかもしれない〔と〕，注意しろ／覚悟しろ。
　　　b．あなたは訴えられないかもしれない〔と〕，安心しろ。

　この動詞で表される高次表意が，送り手が受け手に伝えようとする心的態度であり，この高次表意レベルへの推意が，コミュニケーション上重要な働きを果たしており，聴者は話者の想定を理解する必要がある。

3.7　関連性理論からみた配慮表現

　配慮表現は，関連性理論から見ると，どのように記述できるだろうか。関連性の条件としては，次の2点が挙げられている。（S&W (1986) p.125)。

　関連性
　　程度条件1：想定はある文脈中での文脈効果が大きいほど，その文脈中での関連性が高い。
　　程度条件2：想定はある文脈中でその処理に要する労力が小さいほど，その文脈中での関連性が高い。

この程度条件は適度が重要で，過度に大きかったり，小さかったりすれば，聴者に対して配慮を示せないだろう。

　(22) a．この授業を取っている人は，明日までにレポートを出して下さい。
　　　 b．ご存じだと思いますが，この授業を取っている人は，明日までにレポートを出して下さい。

(22)は聴者にとって関連性が高いものだが，(22)aのように，突然言われた場合には文脈効果が大きすぎ，(22)bのように以前伝えてある情報にアクセスさせることで，処理に要する労力を減少させることが，聴者への配慮である。
　また，次のように加えたら，聴者はどのように思うだろうか。

　(23)　再三再四言いますが，この授業を取っている人は，明日までにレポートを出して下さい。

この発話を授業の始まった時から何度も言っているならば，本来処理に要する労力はまったくないはずである。しかし，その場合でも文脈効果は高く，念押しの機能を果たすが，場合によっては嫌みとも理解される。

第3章　関連性理論

一方，関連性がない発話は，どのような機能をもつだろうか。

㉔　A：この問題，どうしてもわからないので，説明していただけませんか。
　　B：明日までにレポートを出して下さい。

このBさんの発話は，先行するAさんの質問に対して関連性はない。だが，機能としては話題を変えたいという要望を顕在化する方法で，今さら質問するものではないという話者の意図が見られるものである。

―タスク10―
　特定聴者への関連性を高める表現にはどのような表現があるか，例を挙げてみましょう。

関連性は全体的に向けられるよりも，個人に向けられたものの方が，配慮性がある。（S＆W（1986）p. 145）

個人にとっての関連性（相対的）
　程度条件1：想定は，それは最適に処理されたときに達成される文脈効果が大きいほど個人にとって関連性がある。
　程度条件2：想定は，それを最適に処理するのに必要な労力が小さいほど個人にとって関連性がある。

聴者に特定していることを述べることで，聴者には関連性が高いことが意識化され，処理する労力が小さくなろう。

㉕　ここだけの話だけど
㉖　君にだから話すけど

こうした前置き表現は，特定聴者を対象として発話されるもので，関連性

を高めることで，かつ，聴者目当ての配慮となっている。

---練習問題---

「オリンピック選手に薬物の使用が認められた」という発話は多義的です。この発話の妥当な解釈について関連性理論を用いて説明しなさい。

［ヒント］
「認める」という動詞の解釈が2通りあります。そして，その発話がオリンピック前のものか，後のものかによって一方の解釈のみが文脈効果が高くなります。

第4章 発話行為論

> **イントロダクション・タスク**
>
> XくんがY子さんに向かって(A)を発話したとします。Xくんは発話という行為を行っていると同時に，別のある行為をも行っていることになります。それは何の行為ですか。別の行為を同時に行うとはどういうことでしょうか。
>
> (A) よかったらご一緒に食事でもどうですか。

4.0 発話行為論とは何か

　発話という行為は常に別のある抽象的行為を同時に兼ねている。上記の(A)では，常識的に考えて「勧誘」という行為を兼ねていると言える。発話行為が勧誘行為を兼ねるとはどういうことか。それは，当該の発話行為によって達成しようとする目的が何であるかを明確にした場合に高次の行為が浮かび上がってくるのである。例えば，「走る」という行為において，走ることによって何を達成したいのか，その目的によって「追う」「逃げる」「競う」「練習する」などの何らかの高次の行為を同時に行っていると言える。それと同じように，発話において話者は何らかの目的を持って発話を行っている。(A)の場合，Xくんの発話の目的は，「Y子さんが自分と一緒に食事してくれるように誘うこと」と考えるのが普通である。この目的を一言で要約したのが「勧誘」という概念である。このように，発話の目的に沿って高次の行為を認定するための諸理論の総体を発話行為論と言う。

　(A)を「勧誘」と認定するためには，文法構造のような形式面だけではな

く，発話状況に即した意味を考慮しなければならないため，結果として発話行為論は語用論の主要なテーマとなっている。

本章ではまず，人間の行為の理論としての発話行為論を概観したのち，発話行為論の理論構築に関与した言語哲学者について，それぞれの理論を紹介する。

4.1 行為の理論としての発話行為論の概観

―タスク1―――
人間の身体的行為が文化の中で別の行為としての意味も併せ持つような例を思いつくだけ挙げてみましょう。〔例〕「手をたたく」＝「賞賛する」

発話行為論が発話を人間の行為の一つとして捉えた包括的な理論であることを先に概観しておきたい。

人間は様々な行為を行う。そして，それは動詞によって表現される。身体を使って行う行為には，姿勢を取る「立つ，座る，寝る」など，自らが移動する「走る，歩く，泳ぐ」など，対象に対する「触る，撫でる，蹴る，叩く」など，摂取行為である「食べる，噛む，飲む」などがある。心理的・認知的な行為としては「考える，思い出す，見る，聞く」などがある。

人間の諸行為はその目的に応じて，高次の行為を兼ねることになる。例えば，「走る」行為は犯人を「追う」行為や，刑事から「逃げる」行為を兼ねることがある。日常的には「急いで目的地に行く」行為であることが多いが，スポーツ選手が「練習する」行為である場合もある。これら高次の行為は，「走る」行為を行う行為者の目的という心理的な動機付けに基づいて兼ねられていることになる。外面的な姿から目的が読み取れる場合もあるが，本質的には行為者自身の意図においてしかわからない。

行為の目的が他者に何かを伝達することにある場合，人間は社会的コード（＝社会の決まり事となっている解釈）に従って相手が意図を読み取るようにサ

[図1] 人間の諸行為と高次の行為(【 】は記号的行為)

人間の諸行為		高次の行為(目的)
姿勢行為	立つ, 座る, 寝る, もたれる, ……	
発声行為	唸る, 笑う, つぶやく, 叫ぶ, ……	
主観的行為	見る, 聞く, 考える, 思い出す, ……	探す, 数える, ……
移動行為	走る, 歩く, 這う, 泳ぐ, ……	逃げる, 追う, 練習する, 目的地へ行く
道具使用行為	ボタンを押す, スイッチをひねる, ……	器械を操作する
	アクセルを踏む, ハンドルをまわす, ……	自動車を運転する
	スイッチを入れる, キーをたたく, ……	ワープロを打つ
	カメラを向ける, シャッターを押す, ……	写真を撮る
演奏行為	太鼓を叩く, 弦を弾く, 笛を吹く, ……	音楽を奏でる
裁縫行為	裁断する, 折る, 縫う, ……	洋服を仕立てる
装着行為	服を着る, 帽子を被る, 靴を履く, ネクタイをしめる, ……	正装をする, 【格式や性を示す】
	指輪をする	【既婚を示す】
	バッジをつける	【地位を示す】
身振り行為	首を横に振る, 手を小さく振る	【否定する】
	頭を下げる	【挨拶する】
	手をたたく	【賞賛する】
	起立する	【敬意を表する】
発語行為	「解雇する」と言う, 「クビだ」と言う	【解雇する】
	「感謝する」と言う, 「ありがとう」と言う	【感謝する】
	「ご一緒に食事でもどうですか」と言う	【勧誘する】
	↓ (一般化) 有意味の言語音声を発語する ＝発語行為 (locutionary act)	↓ (一般化) 【発語内行為】 (illocutionary act)

インを発する。人間が発するサインやそのためのコードを探究する科学を記号学(semiotics)という。それによれば,左手の薬指に指輪をはめる行為は自らが既婚者であることを示す記号となり,弁護士のバッジ,議員のバッ

ジ，勤務する会社のバッジなどを襟につける行為は地位や帰属組織を示す記号となる。[図1]では高次の行為のうち，記号的行為を【　】で表示した。記号的行為はその意味がコードとして承認されている社会の中でしか通用しない。

　単純な身振り行為であっても，首を縦に振る行為が相手の問いを【肯定する行為】であったり，首を横に振る行為が同じく【否定する行為】であったりする。これらは指輪やバッジの装着行為よりもはるかに単純に見える身振り行為だが，これとて全くの普遍的行為ではない。ブルガリアでは，首を横に振ることが肯定を意味し，縦に振ることが否定を意味することが知られている。つまり，あくまでも社会的コードによって意味が理解されるのである。

　このような記号的諸行為に含まれるが，そのコードの複雑さにおいて，他のどの記号よりも群を抜いて複雑な意図を伝達し得るのが自然言語という記号である。したがって，記号学と言語学の関係は，本来，広義の記号学がそっくり言語学を含むという包含関係にある。記号学の創始者であるソシュール（Ferdinand de Saussure, 1857-1913）の理論は現代言語学の意味論の基盤構築にも寄与しており，その限りにおいて記号学と言語学とは混然一体となっている。そのうえで今日，自然言語以外の記号を扱う狭義の記号学，文化記号論と呼ばれる分野も成立している。

　人間が音声を発する行為のうち，痛みから来る唸り声や，驚いた時に反射的にあげる叫び声などの動物的な発声は言語音声とは言えない。これらの発声行為は非記号的行為である。これに対し，自然言語であれば必ず持っている個別言語ごとのコードに沿った有意味な言語音声を発声する行為を，英国の言語哲学者オースティン（J. L. Austin, 1911-60）は発語行為（locutionary act）と名付けた。

　そして，発語行為は，その発するところの言語音声の記号性によって何らかの高次の行為を兼ねることになる。そのうち，当該行為を表す動詞を発語することが当該行為の遂行そのものである「解雇する」のような動詞を遂行動詞（performative verb）と呼ぶ。遂行動詞を用いて，相手に(1)「（私は君を）解雇する」と発語する行為は，【解雇行為】という高次の行為を兼ねること

になる。このように発語行為と同時に遂行される高次の行為を，オースティンは発語内行為（illocutionary act）と名付けた。

そして，(2)「（君は）クビだ」と発語する行為は，遂行動詞が用いられていないが，(1)と同じ目的と効力を持つ【解雇行為】であることが認められる。これも，れっきとした発語内行為である。そうしてみると，実際の日常言語における発語内行為のほとんどは遂行動詞を用いることなく遂行されている。そこに考察対象をシフトし，発話行為論を一般性の高いものに拡大したのが米国の言語哲学者，サール（John Searle, 1932-）である。

ある発語行為がいったい何という発語内行為を遂行しているのか，その名称付与（＝分類）は，ある程度までは遂行動詞を基準にして行われる。つまり，(1)「（私は君を）解雇する」と等価になるような(2)「（君は）クビだ」，さらには(3)「君には辞めてもらう」，(4)「明日からもう来なくていい」など，同じ効力をもつものはすべて【解雇行為】と呼ぶことができる。しかし，(2)～(4)は，(1)と違って，どんな場面でも常に【解雇行為】を遂行するとは限らない。そこでサールは，どのような条件が充たされれば，その発話が【解雇行為】を遂行したと認定できるのかを，適切性条件（felicity conditions）として規定した。

さらに考察対象を拡大していくと，遂行動詞という基準から離れざるを得なくなる。イントロダクション・タスクの(A)「よかったらご一緒に食事でもどうですか」を例にとって言えば，動詞「勧誘する」は遂行動詞ではないため，(A)'「＊あなたを食事に勧誘します」という発話に言い換えることができない。しかし，(A)の発語内行為を規定するためには，遂行動詞ではない勧誘を名称として，【勧誘行為】と呼ぶことも必要になる。だからといって，発語内行為を恣意的に【○○行為】と認定することは許されない。そこで適切性条件によって発話の目的を設定し，名称としていくことになる。

サールの発語内行為にはこのような柔軟性があることが，Searle (1979)における間接発話行為に対する詳細な認定法から読み取ることができる。ただし，サール自身は，言語学者や言語教育者が期待するような，発語内行為範疇の列挙，あるいは各範疇の適切性条件の提示までは行っていない。その作業はむしろ発話機能論に引き継がれることになるであろう。

[図2] 人間の諸行為と相手への効果

人間の諸行為	高次の行為	相手への効果
唸る	──	同情させる
笑う	──	憤慨させる
歩く	（相手の所に）行く	脅えさせる
走る	（相手を）追う	逃げさせる
首を横に振る	【否定する】	あきらめさせる
手をたたく	【賞賛する】	再度演奏させる
「自説が正しい」と言う	【主張する】	納得させる
「君は合格だ」と言う	【判定する】	喜ばせる
「寂しい」と言う	【感情表出する】	同情させる
「手伝ってくれ」と言う	【依頼する】	協力させる
「君はクビだ」と言う	【解雇する】	落胆させる
「ご一緒にお食事でも」と言う	【勧誘する】	喜ばせる
↓（一般化） **発語行為** （locutionary act）	↓（一般化） **【発語内行為】** （illocutionary act）	↓（一般化） **発語媒介行為** （perlocutionary act）

　さて，オースティンは，発語行為は発語内行為の他にもう一つ別の発語媒介行為（perlocutionary act）をも兼ねていると述べた。[図2]を見ていただきたい。

　あらゆる行為は，その行為に関わる他者の感情，思考，行為等に対して，何らかの効果をもたらす可能性がある。ある男が歩いているとする。その男は実は借金取りで，借り手の所に「行く」という高次の行為を意図して歩いているとすれば，その行為は更に相手を「脅えさせる」行為を同時に兼ねるであろう。これは言うなれば「行く」行為の媒介行為ということになる。このように，人間のあらゆる行為は，対人関係上の媒介行為を兼ね得ることになる。

　そして，「ご一緒にお食事でもどうですか」と言う発語行為は，【勧誘行為】という発語内行為を兼ね，さらに，「相手を喜ばせる」という媒介行為

をも兼ね得る。これが，発語媒介行為（perlocutionary act）である。

　これら媒介行為もある種の高次の行為とも言えるが，ある行為と媒介行為との因果関係には論理的な必然性が見られず，一回的，偶然的である。食事に誘ったら相手が喜ぶとは限らず，嫌がるかもしれない。

　このことが発語内行為と発語媒介行為の決定的な区別となっている。つまり，発語内行為は社会的・規則的な記号的コードを有するのに対し，発語媒介行為には記号的な規則性が見られない。ゆえに，発語内行為の研究は，発話の文法構造の分析と密接に関係しているし，その研究は言語の構造と機能の相関関係の記述となるが，発語媒介行為にはそのような役割は見出されていない。

　また，発語内行為は常に話者が意図して行うものであるが，発語媒介行為の場合は話者が意図している場合もあれば，意図していない場合もある。借金取りが借り手の所に行く際，相手を脅えさせようとしている場合もあれば，そうでない場合もある。発語内行為において話者の意図は必須要件だが，発語媒介行為においてはそうではないのである。

　身振り行為などにも，この発語内行為に相当する記号的行為が見出され，三種の行為を兼ねると見られる可能性があるが，そうした記号的行為のほとんどは発語内行為によって遂行されると言って間違いない。オースティンの考察対象も，その中心はあくまでも発語内行為であり，発語行為と発語内行為との区別，そして発語内行為と発語媒介行為の区別を，それぞれ論じることで，それ以前の研究者が見落としていた発語内行為の特質を論じようとしたものであることを述べている（Austin (1962) pp. 100-101）。

　サールは Searle (1979) で間接発話行為（indirect speech act）について論じて以降，発語内行為（illocutionary act）と発話行為（speech act）をほぼ同義で用いるようになった。彼の理論を総称して発話行為論と呼ばれる所以である。発話行為論が語用論の基礎理論の一つとして優れているのは，発語内行為の認定の中に，発話の目的や効力を規定するための理論的基盤が含まれているからである。

　発話行為論の理論構築には，オースティン，サール，ヴァンダーヴェーケンら，言語哲学分野の多くの研究者が主に関与している。既に全体の流れは

概観したが，次節以降では，オースティンとサールのそれぞれの理論構築について紹介する。

4.2 オースティンの発話行為論

4.2.1 遂行文と遂行動詞

　20世紀半ば頃まで，言語哲学と言えば論理学を指していたと言っても過言ではなかった。つまり，数学の基礎となるような論理の構造を，形式言語（記号）を用いて構築するものである。その言語哲学の分野にありながら，形式言語ではなく自然言語に目を向け，言語哲学の流れを大きく変えた人物がオースティンであった。言語学者は自然言語の音韻や文法を分析するが，彼の場合は，人間の生きる営み全体のなかで自然言語の発話がどのように位置づけられるのかを論理的に解明しようとした。その結果，それまで非論理的とされていた日常言語について，形式言語とは別種の論理性を，それはそれで厳然と持っているということを論証した（Austin (1962)）。
　まず彼は，日常言語の発話が，**事実確認的発話**（constative）と**行為遂行的発話**（performative）とに大別されることを述べた。すなわち，

　(5)　今，雪が降っている。

のように，事実と照合して真偽値を与えられるものが事実確認的発話である。いっぽう，行為遂行的発話とは，

　(6)　私は月末までに借金の返済を約束します。

のように，発話それ自体が行為の遂行であって，真偽値をもたない（常に真とも言える）ような発話のことである。オースティンは，後者の行為遂行的発話に注目したのである。

第4章　発話行為論

> **タスク2**
>
> 　以下の例文を事実確認的発話と行為遂行的発話とに分けてみましょう。
>
> (7)　昨日，幹夫は由美子と出会った。
> (8)　この子をまゆみと命名します。
> (9)　僕は阪神が勝つ方に500円賭けるよ。
> (10)　哲夫君は約束を守る人だ。

　人は毎日の生活のなかでいろいろな行為を行っている。それらは日常言語の動詞を使って表現することができる。起きる，顔を洗う，歯を磨く，朝食を食べる，家を出る，歩く，学校に行く，教室に入る，座る，……。これらの動詞はそれぞれ，身体的行為を描写したものだから，当然ながら行為と動詞とは別ものである。「私は歩く」と何十回言おうが，立って足を動かさなければ歩いたことにはならない。ところが，動詞「約束する」や「命名する」は，何かの行為を描写したものではなく，その動詞を発話すること自体がその行為である。つまり，「私は約束する」と言うことが約束行為なのである。

　オースティンはこのような特殊な性質を持った動詞のことを**遂行動詞**（performative verb）と呼んだ。そして遂行動詞を用いてまさに行為を遂行している "I promise to come." のような文を**遂行文**（performative sentence）と呼んだ。遂行文の必須要素は第一人称主語と現在時制の遂行動詞との組み合わせであり，この部分を特に**遂行節**（performative clause）と言う。このことは日本語でも全く同じことが言える。(11)「私は行くことを約束する」は遂行文であり，そのうちの「私は約束する」は遂行節，「約束する」は遂行動詞である。

　遂行文の特徴は，その時制意味が常に現在だということである。遂行文ではない「私は学校に行く」のような文が会話文中に現れたら，その時制意味は，通常は未来と解釈される。「行く」と言ってから実際に行くからである。これは一種の〈意志表出〉文である。

いっぽう，「私は行くことを約束する」という場合は，約束の内容である「行く」は未来の行為だが，「約束する」という述語動詞の時制意味は"現在"である。「約束する」という発話と約束行為との間に常に論理的な同時性があるからである。

このように遂行節を形式上持っている文のことを，オースティンは明示的遂行文 (explicit performative sentence) と呼び，表面上は遂行節を持たないが，その発話の目的を遂行節として補うことができる文のことを暗示的遂行文 (implicit performative sentence) と呼んだ。(12)「私は必ず行くよ」という文は発話の目的が「約束」であると認定できるので遂行動詞「約束する」を補うことで(11)と意味上，等価であると認定できる。この(12)が暗示的遂行文である。オースティンは主に明示的遂行文を議論の対象とした。

4.2.2 発語行為，発語内行為，発語媒介行為

さて，本章冒頭で述べた「高次の行為」の話に戻ろう。(A)を発話する行為は，次のような三つの行為を同時に行っていることになる。

（A1）「よかったらご一緒に食事でもどうですか」とY子に言う。
（A2）Y子を食事に誘う。
（A3）Y子を喜ばせる。

（A1）は，この音声連続を発声する行為を指している。（A2）はこの発話の目的を，「誘う」という遂行動詞を用いて表現している。（A3）は直接の目的ではなかったが，この行為を通じて相手にもたらした効果を表現している。

オースティンは，このような発話の三層構造を指摘し，（A1）を**発語行為** (locutionary act)，（A2）を**発語内行為** (illocutionary act)，（A3）を**発語媒介行為** (perlocutionary act) と名づけてその区別を主張した。

オースティンは英語において一つの発語内行為に一つの明示的遂行動詞が対応すると考えていた。そのため，遂行動詞を発語内行為動詞とも呼び換え

ている。3種の行為に関するオースティンの説明には常に明示的遂行文が用いられている。

　さて，オースティンは，このような性質を持った遂行動詞を数多く集めて，性質の近いものを集めて5つの型に分類した。ここでは，各分類の動詞を四つずつ挙げることにする（訳語は坂本訳（1978）による）。

　　Verdictives（判定宣告型）：acquit（無罪とする），convict（有罪とする），reckon（算定する），rate（見積もる）
　　Exercitives（権限行使型）：appoint（任命する），order（命令する），dismiss（免職する），excommunicate（破門する）
　　Commissives（行為拘束型）：promise（約束する），contract（契約する），intend（意図する），swear（誓う）
　　Behabitives（態度表明型）：apologize（謝罪する），thank（感謝する），congratulate（祝う），deplore（嘆く）
　　Expositives（言明解説型）：affirm（肯定する），deny（否定する），state（陳述する），describe（記述する）

　また，当該の発話内行為がその発話状況において実際にどのような実効性を発揮するかを，彼は**発語内効力**（illocutionary force）と呼んだ。のちにリーチが用いた効力（force）という用語はここから来ている。

---タスク3---
　オースティンが遂行動詞として挙げた英語の動詞には，日本語の訳がついていますが，これらは日本語における遂行動詞だと言えるでしょうか。日本語において遂行動詞と言えるものと言えないものに分けてみましょう。

　英語で遂行動詞であるものの日本語訳が日本語においても遂行動詞であるとは限らない。日本語においてその動詞を発話することがその行為の遂行となるかどうかを内省してみればよい。例えば，⑬「感謝するよ」という発話

は「ありがとう」という発話と同じく感謝の表現として用いられるので，「感謝する」は遂行動詞であると言える。つまり，⑬は感謝行為の予告ではなく，感謝行為そのものなのである。なお，第一人称の「私は」は日本語ではしばしば省略されるが，語用論的に第一人称主語が潜在していると解釈される。

一方，「陳述する」を用いた⑭「私は日本が島国であることを陳述する」というような発話は，少なくとも日常的日本語としては不自然である。これは日本語において遂行動詞とは言えない。そのような観点から言えば，上記のうち，他に「算定する，見積もる，免職する，嘆く，肯定する，否定する，記述する」は遂行動詞とは言えない。

4.3　サールの発話行為論

4.3.1　オースティンからサールへの発展

オースティンの発話行為論を大きく発展させたのがサールである。彼はオースティンの理論に批判を加えながら大きな変更を提案している。最も重要な点は考察対象を拡大したことである。オースティンの発話行為論は明示的遂行文が主たる考察対象となっていたが，サールは遂行動詞を持たない一般的な文であっても，一語文などの特殊な例を除いて，発語内目的（illocutionary point），発語内効力（illocutionary force）をそなえていることを主張した。

例えば，⑮ "I order you to leave here." という典型的な明示的遂行文が命令（order）の発語内行為を遂行することは言うまでもないが，遂行節 'I order' を持たない⑯ "Leave here." のような命令文もまた，命令の発語内行為を遂行する表現として認めた（Searle (1969)）。

― タスク4 ―
次の日本語の例文は，命令の発語内行為を遂行していると言えるでしょうか。一つ一つ吟味してみましょう。

(17) 転勤を命じる。
(18) 転勤しなさい。
(19) 君に転勤してもらうことになったよ。
(20) 地方で鋭気を養うのも悪くないと思うがどうだろうか。

(17)は遂行動詞「命じる」が用いられており，明示的遂行文である。そして，サールの考えに添えば，遂行動詞を持たない(18)の命令文も，同じく命令の発語内行為を遂行する発話となる。

それ以上に決定的な拡張は，Searle (1979) における間接発話行為の理論化であった。つまり，(21) "You should leave here." (あなたはここを去るべきだ) のような慣例的な形式が間接的な命令の発語内効力をもっていること，さらには，(22) "You're standing on my foot." (あなたは私の足を踏んでいますよ) のように依頼を指し示すような形式をまったく持っていない発話でさえも，依頼の目的をもって発話されること，また，たとえ間接的であっても依頼の発語内効力を持つことを主張した。従って，日本語における(19)も(20)も，条件さえ整えば，命令の発語内効力を持ち得ると言うことができる。

その結果，発語内行為は聴者に対して対人関係上，有意味な機能を持つようなすべての行為を対象とすることが可能となり，語用理論としての一般的適用性，説明力を獲得するに至る。このような，間接発話行為への拡張を機に，サールは**発話行為** (speech act) という用語を発語内行為とほぼ同義語として用いるようになった。

さて，このような間接発話行為の発語内効力を認定するプロセスは単純ではない。これらを暗示的遂行文と見なすことができないからである。(22)' "I request you to be standing on my foot." では反対の意味になってしまう。(20)'「？私は地方で鋭気を養うのも悪くないと思うがどうだろうかと君に命じる」も不適格である。

つまり，その発話が依頼や命令の発語内行為を遂行するには，単に遂行節が復元可能かどうかということではなく，命題内容や発話状況にかかわるさまざまな条件が調っていることが必須条件であると考えた。その条件群を彼は**適切性条件** (felicity conditions) と呼んだ[1]。したがって，個々の発語内行

為ごとに固有の適切性条件が暗黙のうちに存在していて，その条件が充たされる時に当該の発語内効力が発生し，発語内行為を遂行することになるという論法をサールは考案したのである。

4.3.2 適切性条件

⑰〜⑳がすべて命令の発語内行為を遂行するからと言って，どんな発話でも常に命令の発語内行為を遂行するわけではない。それを限定し，発語内行為が行為としての目的を達成するための条件が必要となる。それが適切性条件である。

サールが考案した適切性条件は大きく4種の条件によって構成されている。そのことを，引き続き，命令行為（order）を例にとって考えてみよう。

---タスク5---

次の日本語の例文は，命令の発語内行為を遂行していると言えるでしょうか。また，命令でないとすれば，何の発語内行為か，考えてみましょう。

⑳　おととい，来やがれ。
㉔　月に飛んでいけ。
㉕　豆腐の角で頭を打って死ねよ。
㉖　（歩いている人に）歩け。
㉗　（小学生が同級生に）おい，ボール貸せよ。

まず，命令行為を遂行するには，その発話の命題内容が，「聴者による未来の行為」を表していなければならない。つまり基本的に主語は第2人称の名詞句で，動詞の時制意味は未来だということである。このような条件を**命**

---

[1] オースティンはAustin（1962）において行為遂行的発話が成立するための適切性（felicity）について6項目を挙げている（pp. 14-15）。サールの適切性条件はこれをすべての発語内行為に対して統一的な4項目の条件として提示したものである。

題内容条件（propositional content condition）と呼んだ。㉓は過去を表す「おととい」という時間副詞が用いられていて、未来時制という条件に反しており、従って命令とは言えない。

次の条件として、当該の発話状況において、聴者が当該行為を実行可能でなければならない。㉔は実行不可能であるから、冗談かせいぜいからかっているとしか捉えられず、命令とはならない。㉕も不可能である。これも命令というより罵倒やからかいの慣用表現となっている。㉓も内容的に不可能だとも言える。動詞の命令形が用いられているからと言って発語内行為としても命令であるとは限らないのである。

このような条件は、発話の準備として調っていなければならない条件という意味でサールは**準備条件**（preparatory condition）と呼んでいる。

サールは命令の準備条件はぜんぶで三つあるとしている。二つめは、通常の事態の進行において、聴者が当該行為を行うことは当たり前のことではない、という条件。つまり、その発話を遂行しなくても放っておけば聴者が当該行為を行うことが明らかであるような場合、その発話は命令ではないということである。従って㉖のように、既にてくてく歩いている人の背後から「歩け」と強い口調で言ってもそれは命令ではない。

もう一つは、話者が聴者に対して権限を有しているという条件である。㉗は話者と聴者の関係が小学生同士の同級生と設定されている。この関係性のなかで動詞の命令形を用いても命令とは言えない。なぜなら、それに従わなければならない拘束力は一切働いていないからである。相手が「いやだよ。ぼくが使うんだよ」と言えばおしまいである。㉗は発語内行為としては命令ではなく依頼と見るべきであろう。同様にタスク4の⑳「地方で鋭気を養うのも悪くないと思うがどうだろうか」も、上司が部下に言えば命令になるが、家族の会話なら命令とはならない。せいぜい助言である。このように発話者の権限を保証する条件も、サールは準備条件として挙げている。

これら準備条件により、言語哲学領域にあった発話行為論が、言語学においても一つの語用理論として十分に議論に堪えるものであることを広く知らしめる結果となった。

次の条件は**誠実性条件**（sincerity condition）である。さらに、話者は聴者

が当該行為を行うことを求めていなければならない。つまり，そうしてほしいと思っていないのに，口先だけで「走れ」と言ってもそれは命令とは言えないというのである。

さらに**本質条件**（essential condition）というものがある。これは発話の目的を話者がどう意図しているかということを明文化したものである。例えば，話者の「書類を作りなさい」という発話が，聴者に書類を作らせることを目的とした発話であることを話者が意図しているということである。これは誠実性条件のうちの最も本質的な発話の目的に関わる項目を，一つの条件として抽出したものであると言える。

以上の適切性条件を整理すると以下のようになる。

【命令行為】の適切性条件
　　命題内容条件：聴者Hによる未来の行為A
　　準備条件：ⅰ　聴者Hは行為Aを実行することができる
　　　　　　　ⅱ　通常の事態において聴者Hが行為Aを実行することは自明ではない
　　　　　　　ⅲ　話者Sが聴者Hに対して権威のある地位にいる
　　誠実性条件：話者Sが聴者Hに対し，行為Aの実行を求めている
　　本質条件：話者Sは当該発話によって聴者Hに行為Aをさせることを意図している

Searle（1969）では他の発語内行為についても，適切性条件を規定している。約束行為（promise）と陳述行為（state）の適切性条件は次のようになる。

【約束行為】の適切性条件
　　命題内容条件：話者Sによる未来の行為A
　　準備条件：ⅰ　聴者Hは話者Sが行為Aを実行することを求めている
　　　　　　　ⅱ　通常の事態において話者Sが行為Aを実行することは自明ではない
　　誠実性条件：話者Sが行為Aの実行することを意図する

本質条件：話者Sは自分が行為Aを実行する義務を負う行為として意図している

【陳述行為】の適切性条件
　　命題内容条件：任意の命題P
　　準備条件：話者Sは命題Pを真とするための根拠を有する
　　誠実性条件：話者Sは命題Pが真であるとの信念を有する
　　本質条件：命題Pが事実の表象であることを引き受ける行為として意図する

4.3.3　サールの発語内行為の5分類

　Searle（1975）において新たに提案された発語内行為の5分類を，オースティンの五分類と対応させて示すと次のようになる。

```
Austin (1962) / 坂本訳 (1978)      Searle (1975) / 山岡訳
expositives （言明解説型）―――― representatives （描写行為）
exercitives （権限行使型）―――― directives （対動行為）
commissives （行為拘束型）―――― commissives （自告行為）
behabitives （態度表明型）―――― expressives （表出行為）
verdictives （判定宣告型）―――― declarations （宣言行為）
```

　分類の基本的な大枠は変わっておらず，左右がほぼ対応しているが，詳細においては違いがある。まず，オースティンの分類は発語内行為の分類というより，遂行動詞の分類となっている。彼は，発語内行為はすべて遂行動詞を用いた遂行動詞によって導かれると考えていたからである。そのため遂行動詞に対して発語内行為動詞という名称も用いている。サールが遂行節を持たない暗示的遂行文をも考察対象とすることで，発語内行為の対象をより広く一般化したことは4.3.1の冒頭に述べた通りだが，そのことは発語内行為の分類にも反映しているのである。

次に，各範疇の定義を大幅に変えている．名称も commissives 以外はすべて変えている．オースティンの定義では，同じ発語内行為が複数の型にまたがって分類されている場合がある．例えば，describe（記述する）は判定宣告型と言明解説型の両方に重複して属している．これに対し，サールは定義を厳密にして相補的な分類にしたため，重複を解消している．describe はサールの分類では描写（representatives）に属している．

Searle (1975) における発語内行為の五分類を，修正を加えてより詳細に示したのが Searle (1979) の第1章である．ここでは，Searle (1975) における描写（representatives）を演述（assertives）と改称している．

特に，五分類のそれぞれの性質の異なりについて詳細に論じており，その結果は下記のような記号表示に集約されている．各記号表示は「①発語内目的，②適合方向，③表現される心理状態，④命題内容」の四つの要素から成っている．

Ⅰ　assertives（演述行為）　　⊢↓B (p)
Ⅱ　directives（対動行為）　　!↑W (H does A)
Ⅲ　commissives（自告行為）　C↑I (S does A)
Ⅳ　declarations（宣言行為）　D↕φ (p)
Ⅴ　expressives（表出行為）　Eφ (P) (S/H + property)

これらの要素は単に分類基準として重要であるのみならず，発語内行為の性質を理解する上でも大きな助けとなるので，要素ごとに節を立て概観することにしたい．

4.3.4　発語内目的

サールは発語内行為の分類基準の第一に**発語内目的**（illocutionary point）を挙げている．発語内目的とは，その発話が何を意図して遂行されるのかということである．適切性条件の中では本質条件に示されている．

第4章　発話行為論

発語内行為5分類の発語内目的
Ⅰ　assertives（演述行為）⊢：事実のあり様を表象する
Ⅱ　directives（対動行為）！：聴者に行為をさせる
Ⅲ　commissives（自告行為）C：話者が行為を行うことに義務を負う
Ⅳ　declarations（宣言行為）D：発話とともに世界を変化させる
Ⅴ　expressives（表出行為）E：話者の感情を態度として表現する

　演述行為の発語内目的は，現象世界の事実のあり様を，言葉を用いて表象することである。例えば，「雨が降っている」（報告）は，現象世界の天候のあり様を言葉で写し出すことを目的としている。
　演述行為は，オースティンの事実確認的発話に相当する発語内行為であり，唯一真偽値を有する。伝統的言語学が考察対象としてきたのも，この演述行為の発話であった。なお，⊢はフレーゲの演述記号である。
　対動行為の発語内目的は，聴者に別の行為をさせることである。例えば，「すぐに連絡しなさい」（命令）や「文法を教えてください」（依頼）は，聴者に連絡行為，教授行為を未来にさせることを目的とした発語内行為である。記号には感嘆符（！）が用いられている。
　自告行為の発語内目的は，話者が別の行為を行うことを予告することである。例えば，「明日また来ます」は，話者が未来に訪問行為を行うことを告げることを目的とした約束行為である。約束行為なしで訪問行為だけを遂行することも可能だが，行為に先立って約束することによって話者がその行為の遂行に義務を負うことになる[2]。
　宣言行為の発語内目的は，その発話によって世界に変化をもたらすことである。「太郎と名付けます」（命名）や「土地を譲ります」（譲渡）は，その発話がなされた瞬間に子供の名前が太郎となったり，土地の所有者が変わったりする。つまり，別の行為の予告ではなく，それ自体が行為の遂行であるような発語内行為である。宣言行為では発話と行為の遂行との間に同時性が見

---

[2] この「義務」は約束の特徴であって自告行為共通の目的とは言い難い。例えば，聴者との利害が全く関与しない意志表出には義務は発生しない。ただし，サールは約束以外の自告行為について詳しく論じておらず，約束を自告の典型として扱っている。

出される。

> **タスク6**
>
> 　約束の「明日来ることを約束します」や命令の「転勤を命じます」のように，遂行動詞が用いられた明示的遂行文は，すべてその発話と遂行文との間に同時性が見られます。しかし，約束は自告に分類され，命令は対動に分類され，いずれも宣言には分類されません。これらと，宣言の発語内行為に分類されるものとの違いは何か。言い換えれば，宣言行為の特殊性とは何か，考えてみましょう。

　5分類のどれも，それに属する明示的遂行文は，発話と行為の同時性を持っている。確かに，対動に属する命令の明示的遂行文「転勤を命じます」において，この文を発話する行為と命令行為とは同時である。しかし，サールが発語内行為の分類において重視しているのは発語内目的との同時性である。この観点からみると，この発話の発語内目的は，話者の命令行為そのものではなく，その先の聴者に転勤行為をさせることにある。聴者の転勤行為は，発話から見て未来であって同時性はない。暗示的遂行文「転勤しなさい」を見れば，その文の時制意味が未来であることは明らかである。
　これに対して，遂行文だけでなく発語内目的においてもなお，発話と行為の同時性が見られるのが宣言行為である。その証拠に，「君は今日から太郎だ」のような暗示的遂行文においても，発話と同時に命名行為がなされており，発話と行為の同時性がそのまま維持されている。「この土地は君の物だ」のような譲渡行為の暗示的遂行文でも全く同じことが言える。
　表出行為の発語内目的は，話者の内面の心理的状態を態度として表に出すことである。「ありがとう」（感謝）や「かわいそうだね」（同情）などが，その典型的な発話である。
　自告行為，宣言行為，表出行為の発語内目的の記号にはそれぞれの発語内行為の頭文字（C，D，E）が用いられている。

4.3.5 適合方向

　発語内行為の分類基準の第二は，**適合方向**（direction of fit）である。話者が発話するとき，言葉と現象世界とのあいだに何らかの関係づけを行う。その関係づけ方の違いが発語内行為の違いを特徴づけているという。

　　発語内行為五分類の適合の方向
　　Ⅰ　assertives（演述行為）↓：言葉を世界に適合
　　Ⅱ　directives（対動行為）↑：世界を言葉に適合
　　Ⅲ　commissives（自告行為）↑：世界を言葉に適合
　　Ⅳ　declarations（宣言行為）↕：言葉を世界に，世界を言葉に，双方向の適合
　　Ⅴ　expressives（表出行為）φ：適合無し（世界と無関係）

　演述行為では，報告を例にとると，降雨という現象世界での出来事が先にあり，これを「雨が降っている」という言葉に写し出すのだから「言葉を世界に」適合させる発語内行為，つまり，［世界←言葉］の方向性である。記号では上を言葉，下を世界と見立てて，↓が用いられている。
　対動行為では，命令を例にとると，「連絡しなさい」という言葉が先にあり，これを現象世界における聴者が話者に連絡する行為として実現させようとするものだから「世界を言葉に」適合させる発語内行為，つまり，［言葉←世界］の方向性である。記号では↑が用いられている。
　自告行為でも，約束を例にとると，「明日また来ます」という言葉が先にあり，これを現象世界において話者が来る行為として実現しようとするものだから，対動行為と同じく「世界を言葉に」適合させる発語内行為，つまり，［言葉←世界］の方向性である。従って，対動行為と同じ記号↑が用いられており，この基準のみでは対動と自告は区別できない。
　宣言行為では，命名を例にとると，「太郎と名づける」との言葉を発すると同時に，現象世界における子供の名前も「太郎」となる。それは「この子

は太郎だ」という［世界←言葉］の適合方向と「この子を太郎と呼べ」という［言葉←世界］の適合方向を，両方兼ね備えていると考えられる。ゆえに，宣言行為の適合方向は双方向であり，記号では↕が用いられている。

　表出行為では，感謝を例にとると，「ありがとう」という言葉は現象世界との間に対応物がない。話者の主観的な感謝の心は現象ではない。ゆえに，表出行為には真偽値もない。雨が降っていないのに話者の誤認によって「雨が降っている」と言うのは偽の演述行為だが，「ありがとう」という表出には真も偽もない。結局，適合方向は無しで，空記号φが用いられている。

　Searle (1979) では，適合方向の趣旨を示すわかりやすい例として，Anscombe (1957) のたとえが紹介されている。ある男性が妻から渡された買い物リストを手にスーパーマーケットにやってきた。手に持ったそのリストには「豆，バター，ベーコン，パン」と書いてある。彼はそのリストに沿って買い物を行うので，適合方向は［言葉←世界］である。一方，その男性を尾行する探偵がいて，男性が買った品物を書き留めているとする。そのリストにも結果的に「豆，バター，ベーコン，パン」と記されている。今度の場合は男性の行動を筆録しているので，適合方向は［世界←言葉］である。前者のリストは妻から夫への依頼という対動行為を表し，後者のリストは探偵による報告という演述行為を表している。リストだけを見れば同内容であるが，現象世界との関わりは正反対である。このような適合方向の視点が発語内行為の分類に活かされているのである。

4.3.6　表現される心理状態

　発語内行為の分類基準の第三は，**表現される心理状態** (expressed psychological state) である。あらゆる発話は何らかの心理状態を表現しており，発語内行為の分類ごとに話者が有しているべき心理状態が誠実性条件によって求められている。つまり，発語内行為の分類ごとに共通した誠実性条件を持っていることになる。

第4章　発話行為論

発語内行為5分類の表現される心理状態
Ⅰ　assertives（演述行為）B：信念
Ⅱ　directives（対動行為）W：欲求
Ⅲ　commissives（自告行為）I：意図
Ⅳ　declarations（宣言行為）φ：なし
Ⅴ　expressives（表出行為）（P）：様々な心理状態

演述行為では，表現される心理状態は信念（belief）である。主張や報告を行う話者はその命題内容に対する信念を有していなければならない。

対動行為では，同じく欲求（want）である。命令や依頼を行う話者は，聴者に当該行為をしてもらいたいという欲求をもっていなければならない。

自告行為では，同じく意図（intention）である。約束や誓約を行う話者は，自らが当該行為を行うという意図をもっていなければならない。

宣言行為には，誠実性条件が存在しないとされる。φは空気号である。

表出行為では，様々な心理状態（psychological state）が表現される。感謝，同情，祝福，歓迎等，それぞれに別の心理状態である。したがって，変項（P）として示されている。

以上，発語内行為分類の基準となっている諸要素について見てきた。命題内容については，ある程度，適切性条件の命題内容条件の中で触れているので，ここでは略する。ともあれ，サールは非常に広範な発語内行為を考察対象に取り込んだがゆえに，その性質の多様性を捉える目が非常に的確で優れている。そのことは4.3.3以降の各節の内容で既に明らかだろう。

―練習問題―

学生のAさんは無理をして授業に出ていたら，友人Bさんから「Aさん，顔色悪いよ，少し休んだほうがいいんじゃない」と言われたので，Aさんは教室を出て保健センターに行って休みました。Bさんの発話について，発話行為論の「発語行為，発語内行為，発語媒介行為」のそれぞれの観点から説明しなさい。

［ヒント］
　Bさんは何と言ったのでしょうか（発語行為）。この発話の目的を一般化するとどんな名称がふさわしいでしょうか（発語内行為）。また，そのことは相手Aさんにどのような効果をもたらしたでしょうか（発語媒介行為）。

第5章　発話機能論

イントロダクション・タスク

次に掲げるのは，若い夫婦の何気ない日常会話です。この一つ一つの発話に名称をつけてみましょう。そして，ワインのボトルに貼るラベルのように《　　》に記入して名称を貼ってみてください。

　　A　天気予報は，明日の天気どうだって？《　　　》
　　B　雨みたいよ。《　　　》明日サッカーやるの？《　　　》
　　A　その予定だったけど，雨だったらやめようと思う。
　　　　《　　　》
　　B　それだったら私の買い物につきあってくれない？《　　　》
　　A　いいよ。《　　　》
　　B　ありがとう。助かるわ。《　　　》

5.0　発話機能とは何か

　言語哲学の分野で発話行為が盛んに議論された一方，言語学（特に言語教育と会話分析）の分野でこれとよく似た概念がしばしば便利に用いられた。発話機能である。定義を後回しにして，これまでの言語学における発話機能の扱われ方を一言で表現するならば，「発話に対する名付け」であった。

　その具体的な例が，イントロダクション・タスクに示した夫婦の自然な日常会話に対するラベリングである。ここで《　　》に示された名称が本章で考察する発話機能の範疇名である。決して直観的にのみ名づけられるわけではなく，範疇を規定する理論的要因もあるが，結論を先取りしてラベリング

すると，以下のようになる。

　　A　天気予報は，明日の天気どうだって？《報告要求》
　　B　雨みたいよ。《報告》　明日サッカーやるの？《意志要求》
　　A　その予定だったけど，雨だったらやめようと思う。《意志表明》
　　B　それだったら私の買い物につきあってくれない？《依頼》
　　A　いいよ。《協力》
　　B　ありがとう。助かるわ。《感謝》

　このように発話機能は考察の対象というより，むしろ，会話について考察する際のツールとして扱われてきたというのが実態だが，近年これを一つの理論体系として確立しようとする試みも発表されている（山岡（2008））。そこでは，発話機能に「話者がある発話を行う際に，その発話が聴者に対して果たす対人的機能を概念化したもの」との定義が与えられている。

　発話行為の場合は，オースティンによる遂行文や遂行動詞の分析から始まって，サールが暗示的遂行文，間接発話行為へと考察対象を拡大した結果，あらゆる発話が何らかの発語内行為を内包していると見なすに至った。この理論的経過の最後の部分で，発話をいかなる発語内行為として範疇化するかという段階になって，結果的に発話機能と同じようなラベリングを行うに至っているが，発話機能と称されてきたものは最初から全発話を対象としており，遂行文を深層構造として仮定するような理論的操作も一切行われていない。

　両者の違いは，一面から言えば，異なる入り口からアプローチしながらも，結果的に同じ考察対象に行き着いた二つの理論，ということもできるが，やはりその入り口の違いが理論の本質における重要な差異として残っている。特に発話機能論は会話の分析から出発していることもあり，会話において複数の発話参与者（話者と聴者の交代による相互的な参与者）が共同で一つの談話を構築していくという特徴や，その際の話者間の対称性，相互依存性に着目する視点が発話行為論よりも格段に優れている。発話機能はそうした緊密な会話の流れの中で，個々の発話が担う対人関係上の機能を概念化した

ものと言うことができる。

本章では，発話機能論の歴史と発話行為論との違いを確認しながら，発話機能の豊富な概念群について述べることにする。

5.1 発話機能論の歴史

言語学では，言語教育や会話分析の領域を中心に，発話に対人的機能のラベリングを行ってきた歴史がある。本節ではこれを発話機能論の歴史として，そこで用いられた発話機能範疇群と共に紹介する。発話機能範疇に相当するものには，わかりやすさのためにすべて《　》を添えることにする。

最初のものは，ドイツの心理学者ビューレル（Karl Bühler, 1879-1963）が言語音声の基本的機能として論じた3機能説（《表出》(Ausdruck)，《訴え》(Appel)，《演述》(Darstellung)）である（Bühler (1934)）。《表出》は話し手自身の内的事象の言語音声化である。《訴え》は相手の反応を引き出すことを意図された言語音声で，単なる話しかけも含んでいる。《演述》は対象・事態から言語音声への写像としての言語音声化である。この3機能説が，発話機能論の最も原初的なものと認められる。

---タスク1---

次に示すのは，一人の人物が誰かに語りかけた一連の談話です。これに対して，《表出》《訴え》《演述》の3機能を用いてラベリングしてみましょう。

「日本代表チームは負けたよ。《　》／本当に悔しくてしょうがないんだ。《　》／だから，しばらく僕に話しかけないでくれないか《　》」

これとは全く異なる背景を持つのが，日本語教育において教材会話の分析に用いられた発話機能である。そのもとになっているのは，国立国語研究所編（1960）で用いられた**表現意図**に始まっている。これは当時未開拓だった

話しことばに対する文法研究を行うための基礎資料として、会話資料にラベリングを行ったものである。同書のp.4とp.86では、表現意図の外延的定義として、「言語主体が文全体にこめるところの、いわゆる《命令》・《叙述》・《応答》などの内容のことである」としている。表現意図は、構文シラバスの日本語教科書に機能シラバスの要素を採り入れていくための概念として活用された。

一方、欧米の言語教育学界でも、1970年代以降、構文・形式に偏重していた従前のシラバスではなく、発話の意味や伝達の目的に即した**機能シラバス**の体系的な提案が行われた。Wilkins (1976) では、シラバス編成のための要素として、**伝達機能** (communicative function) を挙げ、その範疇として、《情報要求》、《反対表明》、《挨拶》、《招待》、《依頼》などが示されている。その後、日本でも90年代からコミュニカティブ・アプローチや機能シラバスが普及するようになり、それまでの表現意図が**発話機能**に改称され、今日も用いられている。

さらに、日本では1980年代後半から90年代にかけて、会話分析に後述のハリデーの機能文法などが応用されるようになり、その結果として「発話機能」の用語が一般的に用いられるようになっている。

国立国語研究所編（1987a）では、ビューレルなどの機能説にも言及しながら、談話分析における実際の言語表現の機能の記述が不可欠であることが主張されている。国立国語研究所編（1987b）では、その理念が具体的に発話のラベリングに適用されている。これは、会話の映像教材の関連資料として、映像教材内の全発話の特徴記述をⅠ文型の部、Ⅱ発話機能の部として、構造と機能の両面から教材文の分析・記述を行ったものである。分類法の詳細は略するが、「場面を形成する要因による分類」の下位分類に「働きかけの種類（聞き手メアテの条件）」として、A≪要求≫①《情報要求》（《質問》，《同意要求》），②《行為要求》（《単独行為要求》，《共同行為要求》），③《注目要求》，B≪非要求≫④《情報提供》，⑤《意志表示》，⑥《注目表示》」を挙げている。

全体を≪要求≫と≪非要求≫とに大別する発想は、次節で言及するハリデーの≪要求≫（demanding）と≪付与≫（giving）の発話役割の発想と共通

している。この分類法は，その後のポリー・ザトラウスキー（1993）や熊谷智子（1997）等によって応用され，その結果，日本語会話分析全般に大きな影響を与えた。

　少し分野が異なるが，日本語文法におけるモダリティ論が発話機能志向という特徴を有していた。フィルモアが提唱した命題（proposition）とモダリティ（modality）の二分法が，中右（1979）を契機として日本でも定着するようになった。モダリティとは本来「命題に対する話者の心的態度」と定義されており，「あの男が犯人だろう」における推量のモダリティ形式「だろう」などは，その定義通りの典型例と言える。

　しかし，日本語のモダリティ論は，「命題に対する話者の心的態度」だけでなく，《命令》，《意志》，《勧誘》など，「相手に対する話者の心的態度」と言うべきものを積極的に取り込んできた。その結果，モダリティの中にも，寺村秀夫（1985）における「対事的モダリティ」と「対人的モダリティ」や，仁田義雄（1989）における「言表事態めあてのモダリティ」と「発話・伝達のモダリティ」のような新たな二分法が考案された。いずれも後者のモダリティが発話機能指向の特徴を表している。それでも依然としてモダリティ形式として特定される機能を中心として考えられている点で，純然たる対人的機能を論じる発話機能論とは一線を画している。それは，モダリティを構文論として論じることの限界である。純然たる発話機能を論じるには，どうしても語用論的な諸要素を考慮せざるを得ないからである。

5.2　ハリデーの機能文法における発話機能

　発話機能（speech function）の理論基盤を提示しているのは，機能文法の提唱者として知られる言語学者ハリデー（M. A. K. Halliday, 1925-）である（Halliday (1985)）。これは，発話参与者間の相互作用としての非自立的で社会的な性質を概念化したものである。

　具体的には，複数の会話参与者による交換としての発話は，必ず，聴者から何かを得ようと求める《要求》[1]（demanding）と話者が聴者に何かを与える《付与》（giving）のいずれかの発話役割（speech role）を担っているとする。

―タスク2―

次の二つの会話に,≪要求≫と≪付与≫の発話役割を用いてラベリングしてみましょう。

(1) A　お塩を取って。＜　　＞
　　 B　はい,どうぞ。＜　　＞
(2) A　お名前は何とおっしゃいますか。＜　　＞
　　 B　鈴木広と申します。＜　　＞

ハリデーはこのような≪要求≫─≪付与≫関係を,発話機能の最基本型として,(1)A品物(行為)の≪要求≫を《命令》(command),(1)B品物(行為)の≪付与≫を《提供》(offer),(2)A情報の≪要求≫を《質問》(question),(2)B情報の≪付与≫を《陳述》(statement)として,これらを4種の基本的発話機能と規定した。

これらはいずれも,聴者に対して何らかの次の行動への期待を含意している。≪要求≫は当然ながら≪付与≫を期待する。つまり,《命令》は《請負》(undertaking)を期待し,《質問》は《答え》(answer)を期待する。それだけでなく,≪付与≫もまた,それが相手に受容されることを期待するといういみでは一種の≪要求≫的要素を帯びる。つまり,《提供》は《受容》(accept)を期待し,《陳述》は《承認》(acknowledgment)を期待する。このように,話者の最初の発話とその聴者が次に行う応答発話とは,一組の緊密な相互交流なのである。後続の話者には,相手の期待に添わない自由裁量もある。以上をまとめた一覧表が[表1]である(Halliday (1985) p. 69)。

他の発話機能は,すべてこれら4種の基本的発話機能(すなわち《提供》,《命令》,《陳述》,《質問》)から派生する。例えば,聴者に行為を与える《提供》に様々な要因が累加されることにより,《約束》,《誓い》,《脅迫》,《請

1　発話機能の表示は二重アングル《　》,発話役割の表示には二重不等号＜　＞を用いる。発話役割は発話機能の素性に当たるもので,同じ記号で表示しても差し支えないが,一応の区別を示すために巧妙に異なる記号を用いている。山岡 (2008) で採用した方式。

[表1] 基本的発話機能

発話役割	事物	基本的発話機能	期待される応答	自由裁量による別の応答
付与 giving	品物／行為 good & service	《提供》 offer	《受容》 acceptance	《拒絶》 rejection
要求 demanding	品物／行為 good & service	《命令》 command	《請負》(=提供) undertaking	《拒否》 refusal
付与 giving	情報 information	《陳述》 statement	《承認》 acknowledge	《否認》 contradiction
要求 demanding	情報 information	《質問》 question	《答え》(=陳述) answer	《忌避》 disclaimer

負》などが派生する。

また，《命令》に対する《請負》が《提供》となって《受容》を求め，《質問》に対する《答え》が《陳述》となって《承認》を求めることから，隣接ペア間における発話の対称性を捉えると同時に，≪要求≫─≪付与≫に，第三発話≪容認≫を加えた三つの発話連続として捉えることが可能になる。以上がハリデーの発話機能論の概略である。

5.3　サールの発話行為とハリデーの発話機能の比較

サールは Searle (1979) において，発語内行為 (illocutionary act) を理論の中心に据えて，発話行為 (speech act) をこれと同義語として用いている。そうしてみると，発話行為と発話機能は名称そのものも，概念の中味も非常によく似ている。そこで，逆に相違点に注目してみよう。第一に，「行為」(act) とは話者の立場からの用語であり，「機能」(function) とは聴者の立場からの用語である。

それゆえに，発話行為は独話を考慮に入れるが，発話機能は会話のみを扱う。例えば，発話行為の立場から言えば，「今，雨が降っている」という《陳述》は，基礎的レベルにおいては「ものごとがいかにあるか」ということの表象 (representation) に過ぎない。いっぽう，発話機能の立場から言え

ば,「今, 雨が降っている」という発話は, 聴者に対する《報告》や,「外出をやめるべきだ」という《警告》であったりする.

---タスク3---
　ある人物が目の前にあるボタンを押してみたらそれがたまたま爆弾のスイッチだったとします. この場合, その人物が行った行為は《スイッチを押す》行為なのか,《爆弾を爆破する》行為なのか, どちらでしょうか. このことを「行為」と「機能」の観点から考えてみましょう.

　「行為」は話者の立場からの用語だから, 発話行為論は誠実性条件を必要とする. つまり, 話者の意図を考慮に入れる. タスク3を, サールの理論に基づいて考えてみると, その人物は《スイッチを押す》行為を行ったとは言えるが《爆弾を爆破する》行為を行ったことにはならない. 行為者が意図していないからである. それは客観世界の物理的連関がたまたまそうなっていたに過ぎない. 意図というものを全く持たない動物, 例えば犬が, たまたまスイッチを踏みつけて爆弾が爆破されても, 犬は爆破を意図していないから《爆弾を爆破する》行為を遂行したとは言えない. それと同じである.

　従って「スイッチを押す」ことを通じて《爆弾を爆破する》という記号性の強い行為は人間にしかできないことになる.

　しかし, 言語には行為としての記号性以前に, その素材である文や語自体が記号性を有している. つまり,「雨が降っている」という文を発話することは, 話者の意図が仮にそこになくても, その発話自体の記号性によって, 聴者に対する機能を果たしてしまうのである. スイッチを押した者の意図がどうであれ, それは爆弾を爆破する機能を持っている. これが,「行為を遂行すること」と,「機能を果たすこと」との違いである.

　このことを発話に置き換えてみよう. 仮に, 話者Aが別の人物Bに借金があり, その返済期日が既に過ぎている, つまり, BはAから返済を受け取る権利がある, としよう. この状況において, もしもAが「今週中に借金をあなたに返す」と, 実際にはそうするつもりがないのに言ったとしたら, その発話は何であると言うべきか. 発話行為として見れば, 誠実性条件に反して

いるから，この発話は約束とは言えず，不誠実な虚言となる。いっぽう，発話機能として見れば，Ａが誠実であったかどうかにかかわりなく，その発話はれっきとした《約束》となる。なぜならＢにとってはＡの内心がどうあれ，Ａはこの発話によって，Ｂに対する返済期日を守る責任が生じたと理解するからである。

　発話機能は決して話者の意図を無視しているわけではなく，無条件に前提としているのである。つまり，「お金を返します」と言う人はお金を返す意図を持っているのだと前提して解釈するということである。以上のような理由で，発話機能には誠実性条件がないのである。

　このように対照すると，発話行為論は全く哲学の理論であって言語学になじまないのかというと，そういうわけでもない。サールの発話行為論が言語学の諸領域と重なっていることは，複数の研究者によっても指摘されている。Levinson（1983）p. 243では発語内行為を文類型（sentence type）の理論であると指摘している。Palmer（1986）p. 13では，サールの発語内行為について「モダリティの議論に有益な枠組みを提示してくれる」と述べている。Mey（1993）p. 132は，発語内行為と統語論上の法（mood）との類似を指摘し，直説法と描写行為（representatives），命令法と対動行為（directives）の対応関係について言及している。これらは，日本語文法におけるモダリティ論が発話機能論志向の特徴を有していたこととある種の共通性があり，興味深い。また，山岡（2008）では，新しい発話機能論に，発話行為論における準備条件の発想が語用論的条件として取り込まれている。この点は後述する。

　次に，サールの発話行為とハリデーの発話機能の各範疇間の対応関係を確認しておくことにする。［表２］をご覧いただきたい。

　ハリデーは発話機能の範疇を分類したわけではないが，４つの基礎的発話機能から他の発話機能が派生するとしており，ある種の分類に近い。サールの発話行為の分類は｛　｝で示した。

　両者の相違点だが，第一に，発話機能においては｛宣言｝と｛自告｝が区別されていない。｛宣言｝は，発話を行為と見なす視点から生まれた範疇だからである。「ティーポットをあげます」という発話は，発話機能として《提供》だが，発話行為としては，提供行為の予告であれば｛自告｝に属す

[表2]　二つの概念間における範疇群の対応関係

基礎的発話機能	発話行為の分類
《提供》offer	{宣言} declarations
	{自告} commissives
《命令》command	{対動} directives
《質問》question	
《陳述》statement	{演述} assertives
	({表出} expressives)

る《提供》だが，既に聴者が使用しているティーポットを指して，「そのティーポットを君にあげる」というなら，この発話自体が所有者を変更するもので，{宣言} に属する《譲渡》となる。

　第二に，ハリデーは {表出} という範疇に言及していない，おそらく彼は{表出} は《陳述》の一種であると見なしていると考えられる。

　第三に，サールは《命令》と《質問》を両方とも {対動} と見なしている。《質問》は相手の応答を引き出そうとする {対動} 行為だとしている(Searle (1969) p. 69, 同 (1979) p. 14)。これに対して，山岡 (2008) では，"It is raining, isn't it?" のような英語の付加疑問文が {演述} 的な性格を強く持っていることなどから，《質問》において {対動} 的な性格と錯覚されているのは，あくまでもハリデーの発話役割における《要求》に当たる会話形成のためのメタ的機能なのであって，《付与》の性格を持つ《陳述》とともに，《質問》は {演述} に属するという見解が示されている。

　以上のような範疇間の差異を踏まえ，さらに両理論を本質から比較すると，発話行為論において話者は絶対的存在であり，したがって，話者と聴者との関係は非対称的である。反対に，発話機能論においては，誠実性条件を持たないがゆえに，話者と聴者は対称的である。したがって，どの会話参与者も常に相手方の誠実性は前提となっている。この理論では，第一発話の話者は第二発話の聴者となり，第一発話の聴者は第二発話の話者となる。二人の人物は対等な立場で一つの談話を構築していく。

　また，発話行為論は話者の絶対的主観性に立脚し，発話機能論は二者の会

[表3] 両理論の性質の比較

	発話行為	発話機能
分野	哲学	言語学
所在	話者	発話
話者の誠実性	条件	前提
話者の位置	絶対的	相対的
話者と聴者	非対称的	対称的
主観	純粋な主観	疑似主観
人称の基準	第1人称	第2人称
談話内の発話	自立的	依存的
非言語的行為	考慮に入れる	考慮に入れない

話参与者の間主観性に立脚している。このことは後者の基準は疑似主観性（pseudo-subjectivity）としての第2人称に置かれていることを意味するので、前者を「第1人称の発話理論」，後者を「第2人称の発話理論」と呼ぶこともできる。以上の比較をまとめたものが，[表3] である。

5.4 山岡政紀の発話機能論

本章の筆者は，山岡（2008）において発話機能論の新しい枠組みを提示した。そこでは，言語学の理論である発話機能を中心に据えながら，発話行為論における適切性条件などの発想を適宜採用して取り込んでいる。本節では，その理論の概要を紹介する。最初に問いから始めてみよう。

─タスク4─
　次の三つの発話から成る，A・B二人の会話は，非常にスムーズに流れたひとまとまりのものであることを強く感じさせる緊密性があります。その緊密性はどこから来るのでしょうか。二人が何かを共有している，という観点から考えてみましょう。

(3)　A1：休憩してもいいですか。
　　　B1：ええ，どうぞ休んでください。
　　　A2：ありがとうございます。

5.4.1　発話役割と連

　この理論では会話参与者は常に二者である。会話は話者と聴者との間で目的を共有して初めて成立する。第一発話の話者は聴者に会話の目的を共有させようとする。上の用例(3)では，参与者Aは「Aが休憩する」という目的を持っており，Aの行動を制限する権限を有した参与者B（例えば，会社の上司）をその目的に巻き込もうとして，A1を発話する。A1の聴者である参与者BはB1の話者となって許可の発話を行う。B1の聴者である参与者Aは，Bが許可してくれたことへの感謝を表す。これで，参与者Aは目的どおり休憩に入ることができる。このように一つの目的を共有した緊密な一続きの会話の単位を，山岡は「連」と呼んでいる。
　連は発話役割である≪要求≫≪付与≫≪容認≫の三者から成っている。(3)では，A1≪要求≫B1≪付与≫A2≪容認≫となっている。これを発話機能によって範疇化するなら，A1《許可要求》B1《許可》A2《感謝》となる。≪容認≫は会話の連を収束させる機能を持ち，そこに用いられる《感謝》や《承認》の発話機能は汎用性が高い。これに対し，≪要求≫≪付与≫の対を成す発話機能同士の関係は，緊密な表裏一体の関係を成している。ここでの《許可要求》と《許可》と同様に，《命令》と《服従》，《依頼》と《協力》，《勧誘》と《参加》なども，それぞれに表裏一体の≪要求≫≪付与≫関係のペアである。(4)では発話役割と発話機能を付記する。

(4)　A1：雨，降ってる？　　《報告要求》≪要求≫
　　　B1：いや，降ってないよ。《報告》≪付与≫
　　　A2：ああ，そう。　　　《承認》≪容認≫

人が会話に際してグライスの協調の原理に従うということは、会話の目的を会話参与者が共有するということである。そして、ここで言う会話の目的とは、会話の成立を手段として、対人関係上において実行したい高次の目的ということである。従って、会話自体は成立していても、一方の参与者の目的が他方の参与者に共有されなければ、会話の目的は達成されないということになる。例えば、《依頼》に対して《拒否》の応答が返されることもよくある。その場合、《依頼》の意図は十分に伝わり、会話は成立しているが、相手にある行為をさせるという依頼者側の目的は相手に共有されなかったことになる。その場合、《依頼》と《拒否》とでは連は成立せず、《拒否》は常に連を開始する≪付与≫の発話であると考える。

5.4.2 語用論的条件と命題内容条件

会話参与者が連において共有するのは会話の目的だけではない。もう一つの重要な共有要素が、**語用論的条件**[2]である。語用論的条件こそ、発話機能の各範疇を定義的に規定する要因である。

例えば、《許可》の語用論的条件とは、山岡（2008）では、①［実行可能］、②［非自明］、③［話者（参与者B）の権限］、④［自己欲求］と略記されている。その詳細は以下の通りである。

《許可》の語用論的条件
① 当該行為が聴者の意志によってなし得る行為であること
② 通常の事態の進行において聴者が当該行為を実行するのは自明ではないこと
③ 話者が聴者の行為を規制する権限を有していること
④ 聴者が当該行為を実行することを聴者自身が欲している。

---

[2] Searle（1969）等における適切性条件の一つである準備条件（preparatory conditions）に相当する。

以上の条件がすべて充たされ，かつ，発話形式の命題内容条件が充たされれば，《許可》の発話機能が発動する。個別言語の命題内容条件は非常に煩雑なもので，山岡（2008）では日本語における命題内容条件を文機能の概念に集約する方式を提示している。(5)～(8)はいずれも《許可》の発話機能を持ち得る日本語文である。〈　〉は文機能の範疇名称である。

(5)　休憩してもいいです／結構です／かまいません。〈許可〉
(6)　休憩を許可します。〈遂行〉
(7)　どうぞ休憩してください。〈命令〉
(8)　休憩すればいいよ。〈助言〉

文機能とは，主語の人称と述語の語彙・形態・時制の計4項目の命題内容条件が充たされた場合に，発話状況に関わりなく文形式そのものが持つ機能を概念化したものである。山岡（2000），同（2008）で詳細を論じているのでそちらを参照されたい。

5.4.3　語用論的条件の共有

上記の語用論的条件は，これに先立つ《許可要求》の話者，すなわち《許可》の聴者と共有されていなければならない。したがって，上記の条件群の話者と聴者を入れ換えれば《許可要求》の語用論的条件となる。両者を緊密な連の発話として捉え，一つの語用論的条件に集約すると次のようになる。

《許可要求》・《許可》の語用論的条件
① 当該行為が参与者Aの意志によってなし得る行為であること
② 通常の事態の進行において参与者Aが当該行為を実行するのは自明ではないこと
③ 参与者Bが参与者Aの行為を規制する権限を有していること
④ 参与者Aが当該行為を実行することを参与者A自身が欲していること

ここでの参与者A・Bを明確にするために以下を付記する。このA・Bは、(3)のA・Bと一致している。

　　※　参与者A＝《許可要求》の話者・《許可》の聴者
　　※　参与者B＝《許可要求》の聴者・《許可》の話者

このように、連が具える重要な特徴が**語用論的条件の共有**である。
　仮に参与者Bが条件③を共有していなかったとしたらどうなるか。つまり、参与者Aは、参与者Bが自分の行為を規制する権限があると思っていたのに、参与者Bの方では全くそう思っていなかったとしたら、どうなるだろうか。Bは《許可》ではなく、別の発話を行うだろう。「え、どうして僕にそんなこと聞くの」とか、「人違いじゃありませんか」とか、「僕にそんな権限ないよ」など、状況によっていろいろな発話が考えられる。このように、会話において発話参与者間で語用論的条件が共有されていなければ、コミュニケーション不全（dyscommunication）が生じる。
　同じ要領で《命令》・《服従》の語用論的条件を整理すると次のようになる。

　①　当該行為が参与者Bの意志によってなし得る行為であること
　②　通常の事態の進行において参与者Bが当該行為を実行するのは自明ではないこと
　③　参与者Aが参与者Bの行為を規制する権限を有していること
　　※　参与者A＝《命令》の話者・《服従》の聴者
　　※　参与者B＝《命令》の聴者・《服従》の話者

5.4.4　≪付与≫からの連の開始

≪要求≫≪付与≫≪容認≫が連を成す発話役割だが、≪要求≫なしに≪付与≫から開始する連もあり得る。例えば、《許可》は必ずしも《許可要求》

に対する応答としてのみ成立するわけではない。会社の従業員である参与者Aが現在職務中で疲労が激しく，そのことに雇用主である参与者Bが気づいたような場合，Aが何も要求していなくても，Aが休みたいという行為欲求をもっているとBが解釈することによって，Bが《許可》を発話することがあり得る。それが(9)の会話例である。ここでは，語用論的条件④［自己欲求］が状況的に充たされると解釈するわけである。

(9) （従業員Aが疲労していると雇用主Bが気づく）
　　B1：休憩していいよ。《許可》
　　A1：ありがとうございます。《感謝》

これを図式化したものが［表4］である。

[表4] 《許可》の連

発話 役割	《要求》 話者A，聴者B	《付与》 話者B，聴者A	《容認》 話者A，聴者B
発話(1)	休憩してもいいですか	ええ，どうぞ	ありがとうございます
機能	《許可要求》	《許可》	《感謝》
発話(9)	（従業員Aの疲労の認識）	休憩していいよ	ありがとうございます
機能		《許可》	《感謝》

　また，参与者Aが《許可要求》を発話する場合，語用論的条件と会話の目的とが充足されている状況下でAが，B側の適切な応答として見込んでいるのは《許可》である。しかし，実際には参与者Bが《許可》ではなく，《不許可》を行う可能性もあり得る。
　実際のところ，《不許可》は，語用論的条件が実は共有されていなかったことを参与者Bが主張するケースが多い。つまり，①［実行可能］について，参与者Aが休憩することは，社内規則上不可能であったような場合に，Bは「だめです」等と言う。また，②［非自明］が共有されていなかった場合には，「あれ，もう休憩時間じゃなかったでしたっけ」等と言う。
　このように語用論的条件の共有を前提としない《不許可》は，先行する

《許可要求》と一つの連を構成するとは言い難い。連の流れを遮って，参与者Bの《不許可》から新たな連が開始されていると見るべきである。その場合，《不許可》の話者である参与者Bは参与者Aに対して，《承認》を期待しており，期待通り《承認》されれば，《不許可》と《承認》が一つの連となる。

5.4.5　会話における≪要求≫と≪付与≫の諸相

　発話役割の≪要求≫と≪付与≫の関係は，形式上の疑問文と平叙文に対応するとは限らない。疑問文であっても，相手からの回答を≪要求≫するのではなく，自身の何らかの意図を≪付与≫することが会話の目的であるような発話も少なくない。

　⑽　君はいったい何を教わってきたんだ。《非難》
　⑾　その程度の技術で通用すると思ってるの？《非難》
　⑿　どうしてもっと早く言わなかったんだ。《不満表出》
　⒀　そんな割の合わない話に誰が乗るもんか。《断り》
　⒁　誰かと思ったら石川君じゃないか。《認知表明》
　⒂　何て見事な勝ちっぷりでしょう。《賞賛》

これらの発話は回答を要求したものではない。特に《非難》の場合，回答することはむしろ反抗的な態度（いわゆる口答え）として忌避される。

　⑽'　「君はいったい何を教わってきたんだ」「教養ですけど」
　⑾'　「その程度の技術で通用すると思ってるの？」「思ってます」

逆に平叙文が≪要求≫の効果を持つこともある。

　⒃　この書類，君が書いたんだ。↘　《報告要求》
　⒄　この書類の書き方がわからないんですけど。《依頼》

⒃はノダ文の特殊な用法で、「君がこの書類を書いた」ことの《認知表明》と同時に、本人への事実確認として《報告要求》を行っている。この場合、下降調イントネーションでなければならないため、表記法として「？」が使いづらいが、それでも相手は回答を要求されていると感じるし、回答しないと不自然である。⒄は言いさしの効果として、状況を提示して相手に下駄を預けたもので、間接的な《依頼》と理解されるので、発話役割としては≪要求≫である。

≪要求≫と≪付与≫の発話役割が一つの発話に併存することもある。例えば、⒅の発話役割は≪要求≫だが、⒆では判断の≪付与≫とその真偽を確認する≪要求≫と両方の要素が含まれている。

⒅　あなた，石川一雄さんですか。《陳述要求》
⒆　あなた，石川一雄さんですね。《陳述要求》

ただし、⒆を会話の目的の観点から見ると、相手にとって当然の判断を≪付与≫する情報価値はなく、明らかに≪要求≫の方に目的がある。したがって⒆の発話機能は、《陳述》の要素を含みながらも、会話の目的の観点から⒅と同じく《陳述要求》と認定される。

≪要求≫と≪付与≫が併存する発話機能として他に《賛同要求》,《共感要求》などがあるが、いずれも≪要求≫の方に目的がある。

⒇　「彼は仕事をよく頑張っていると思いませんか」《賛同要求》
　　「そうですね」《賛同》
(21)　「課長の言い方，嫌な感じじゃない？」《共感要求》
　　「まったくだ」《共感表出》

⒇の《賛同要求》は《主張》の≪付与≫を含み、(21)の《共感要求》は《感情表出》の≪付与≫を含んではいるが、それぞれの目的は相手の賛同や共感を≪要求≫するところにある。

5.4.6　発話機能の5分類

サールが発語内行為の5分類を示していることは，第4章で述べた。そこでは，{対動}（directives）と {自告}（commissives）とは別範疇に分けて考えられていた。これに対して山岡は，{対動}に属する《命令》と {自告}に属する《服従》とを，会話の目的と語用論的条件とを共有する連と見なし，これを別範疇としたサールの分類を修正し，両者を含めて新たに {策動}（deontics）[3]とする分類案を提示している。{自告} と {対動} は同じ適合方向（世界を言葉へ）を持っており，両者の関係は，二人の参与者間における一種の鏡像関係と見ることができる。

また，《挨拶》のように会話の形成それ自体を目的とするメタ的な機能を持った発話もある。これを新たな第五の範疇の {形成} として加えておきたい。これにより，山岡の発話機能分類は［表5］のように表示される。

［表5］　山岡の発話機能の5分類

範疇	会話の目的	適合方向
{策動}（deontics）	参与者の行為に対する制御機能	世界を言葉へ（↑）
{宣言}（declarations）	世界を変化させる遂行機能	双方向　（↑↓）
{演述}（assertives）	世界の現象に関する記述機能	言葉を世界へ（↓）
{表出}（expressives）	参与者の心情に関する遂行機能	無方向（φ）
{形成}（formations）	会話を形成するメタ的機能	――

この分類法は，5.3で述べた《質問》の所属先をめぐるサールの混乱を克服するものでもある。サールは《質問》を {対動} に分類しているが，《質問》（=《陳述要求》）と《陳述》とは情報の伝達という共通の目的を二人の発話参与者が共有して行われるため，両者ともに {演述} に分類されるべ

---

[3]　英語の範疇名称 deontics は英語学における「行為拘束的モダリティ」（deontic modality）に由来している。これは，英語の助動詞における，他者あるいは話者自身の行動を制御する対人的機能を指している。例．*may*（許可），*must*（義務），etc.（Cf. Palmer (1986) 3. Deontic modality pp. 96-125）。

きである。

　《質問》・《陳述》の語用論的条件
　参与者Bが当該命題を述べる根拠を有していないことは自明ではないこと
　　※　参与者A＝《質問》の話者・《陳述》の聴者
　　※　参与者B＝《質問》の聴者・《陳述》の話者

　つまり山岡は，≪要求≫≪付与≫の対は，連を構成する内部構造と捉えており，それと発話機能の分類とは次元を異にするものとして区別している。従って，《命令》と《質問》とは，どちらも≪要求≫である点では共通しているが，{策動}における≪要求≫としての《命令》と，{演述}における≪要求≫としての《質問》とは，発話機能としての本質的な目的を異にするものであり，従って分類も異なるわけである。
　また，この分類法は《許可》の所属先の問題も克服する。Searle（1979）は{対動}の範疇の一つに《許可》を挙げているが，《許可要求》もまた《依頼》の一種であって，これも{対動}に属すると発言し，混乱している。これは，《許可要求》が持つ≪要求≫的性格を誤って捉えたもので，《許可要求》の目的はBから許可を引き出すことではなく，その先にあるAの行為の遂行（(1)では休憩行為）であるから，《許可要求》と《許可》の連全体が{策動}に属すると見るのが山岡の立場である。

5.5　発話機能の各範疇

　ここでは，山岡（2008）を踏まえた発話機能の各範疇とそれを定義的に規定する語用論的条件について列挙する。{策動}，{宣言}，{演述}，{表出}，{形成}の分類ごとに，分類に共通する発話機能の会話の目的，共通の語用論的条件を示す。また，個別の語用論的条件は発話機能ごとに異なるが，種別ごとに統一的な番号を用いるので，この番号区分についても先に示しておく。

続いて，発話機能の連ごとの会話の目的と語用論的条件を記す。共通の語用論的条件については番号のみ略記する。個別の語用論的条件は種別番号と共に明記する。会話の目的と語用論的条件が発話機能を弁別する基準となる。連の第三発話≪容認≫に当たる発話については基本的に省略する。

　ここに挙げたものが，また，挙げたものだけが，確定的な発話機能範疇というわけではない。今後の検討の結果，範疇の見直し，追加，統合，定義的な語用論的条件の修正などがあり得ることを前提に活用していただきたい。

　各範疇がどのようなものを指すのかをわかりやすくするために，連ごとに用例を挙げる。ただし，ここでの用例はあくまでも言語形式のみで，語用論的条件によって要求される文脈を補って用例を見ていただきたい。例えば，≪命令≫の用例として「君，少し地方で休養しないか」を挙げているが，この発話者が上司ではなく友人だとすれば，語用論的条件③が充たされず，他の発話機能（例えば≪助言≫）が発動する。ゆえに，あくまでもここに掲げた語用論的条件がすべて充たされた状況下で発話された用例として見ていただきたいということである。

　　　{策動}（deontics）
　　共通の会話の目的：参与者の行為を制御すること
　　共通の語用論的条件：
　　①　当該行為が参与者Bの意志によってなし得る行為であること
　　②　通常の事態の進行において参与者Bが当該行為を実行するのは自明ではないこと
　　個別の語用論的条件：参与者の権限に関する条件⇒③，参与者の利益に関する条件⇒④，参与者の欲求に関する条件⇒⑤
≪意志要求≫・≪意志表明≫
　　会話の目的：参与者Bがある行為を行う意志を参与者Aに伝えること
　　語用論的条件：共通①②のみ
　　用例：「明日の予定を教えてください」「映画を見に行きます」
≪命令≫・≪服従≫
　　会話の目的：参与者Aの権限にもとづいて，参与者Bがある行為を行うこと

語用論的条件：共通①②に加えて，
　　③　参与者Aが参与者Bの行為を規制する権限を有していること
　　用例：「君，少し地方で休養しないか」「部長のご指示に従います」
《依頼》・《協力》（=《申し出》）
　　会話の目的：参与者Aの利益のために，参与者Bがある行為を行うこと
　　語用論的条件：共通①②に加えて，
　　③　参与者Bによる当該行為の実行は参与者B自身の権限に基づくこと
　　④　参与者Bによる当該行為の実行は参与者Aに利益をもたらすこと
　　⑤　参与者Bが当該行為を実行することを参与者Aが欲していること
　　用例：「駅まで迎えに来てくれないか」「いいよ」「助かるよ。ありがとう」
《改善要求》・《改善》
　　会話の目的：参与者Bが参与者Aに対して現に与えている不利益を中止すること
　　語用論的条件：共通①②に加えて，
　　③　参与者Bによる当該行為の実行は参与者B自身の権限に基づくこと
　　④　参与者Bは現に参与者Aに不利益をもたらしていること
　　⑤　参与者Bが当該行為を実行することを参与者Aが欲していること
　　用例：「あの，お宅の音で眠れないんですけど」「ごめんなさい」
《提供要求》・《提供》（=《勧め》）
　　会話の目的：ある事物の所有権を参与者Bから参与者Aに移すこと
　　語用論的条件：共通①②に加えて，
　　③　参与者Bによる当該行為の実行は参与者B自身の権限に基づくこと
　　④　参与者Bによる当該行為の実行は参与者Aに利益をもたらすこと
　　⑤　参与者Bが当該行為を実行することを参与者Aが欲していること
　　用例：「パンフ，一枚もらえますか」「ええ，どうぞ」「ありがとう」
《約束要求》・《約束》
　　会話の目的：参与者Bが，参与者Aに対する義務を履行してある行為を行うこと
　　語用論的条件：共通①②に加えて，
　　③　参与者Bが当該行為の実行を表明することは，参与者Aに対する義務となること
　　④　参与者Bによる当該行為の実行は参与者Aに利益をもたらすこと
　　⑤　参与者Bが当該行為を実行することを参与者Aが欲していること
　　用例：「いつ遊びに連れて行ってくれるの」「今度の週末に必ず」

第 5 章　発話機能論

《助言要求》・《助言》
　　会話の目的：参与者Aが，自身の利益のために，ある行為を行うこと
　　語用論的条件：
　　①　当該行為が参与者Aの意志によってなし得る行為であること
　　②　通常の事態の進行において参与者Aが当該行為を実行するのは自明ではないこと
　　④　参与者Aによる当該行為の実行は参与者A自身に利益をもたらすこと
　　用例：「太りすぎで困っているんですが」「毎日運動するといいですよ」

《忠告》・《履行》
　　会話の目的：参与者Bが，自身の義務を履行して，ある行為を行うこと
　　語用論的条件：共通①②に加えて，
　　③　参与者Bによる当該行為の実行は参与者B自身にとって義務であること
　　用例：「大事なことはすぐに連絡しなきゃだめだよ」「今度からそうします」

《許可要求》・《許可》
　　会話の目的：参与者Aの欲求と参与者Bの権限に基づいて，参与者Aがある行為を行うこと
　　語用論的条件：
　　①　当該行為が参与者Aの意志によってなし得る行為であること
　　②　通常の事態の進行において参与者Aが当該行為を実行するのは自明ではないこと
　　③　参与者Bが参与者Aの行為を規制する権限を有していること
　　⑤　参与者Aが当該行為を実行することを参与者A自身が欲していること
　　用例：「休憩を取ってもいいですか」「いいよ」「ありがとうございます」

《勧誘》・《参加》
　　会話の目的：参与者Aが予定する行為に，参与者Bも共にその行為を行うこと
　　語用論的条件：共通①②に加えて，
　　①　当該行為が参与者Aの意志によってもなし得る行為であること
　　②　参与者Aが当該行為を実行しないことは自明ではないこと
　　⑤　参与者Bが当該行為を実行することを参与者Aが欲していること
　　用例：「映画でも見に行きませんか」「いいですね。行きましょう」

《脅迫》
　　会話の目的：参与者Bが，参与者Aに不利益を与えるため，ある行為を行うこと

117

語用論的条件：共通①②に加えて，
④　参与者Bによる当該行為の実行は参与者Aに不利益をもたらすこと
⑤　参与者Bが当該行為を実行することを参与者Aは欲していないこと
用例：「明日また返してもらいに来ますからね」

｛宣言｝（declarations）

共通の会話の目的：世界を変化させること
共通の語用論的条件：
①　参与者Bによる当該発話が行為の遂行となるような権限が参与者Bに与えられていること
個別の語用論的条件：参与者の欲求に関する条件⇒②，参与者の利益に関する条件⇒③，命題内容に関する条件⇒④

《承認要求》・《承認》
会話の目的：参与者Aの発話内容を参与者Bが受け入れること
語用論的条件：共通①に加えて，
②　参与者Bが当該発話を行うことを参与者Aが欲していること
用例：「彼の立場もわかってやってくれ」「君の言う通りだね」

《認知要求》・《認知表明》
会話の目的：参与者Aが述べた命題内容を参与者Bが認知すること
語用論的条件：共通①に加えて，
②　参与者Bが当該発話を行うことを参与者Aが欲していること
④　当該命題は客観的事実に基づくものであること
用例：「名字が林に変わりましたのでどうぞよろしく」「わかりました」

《拒否》（=《断り》）
会話の目的：参与者Aの発話内容を参与者Bが受け入れないこと
語用論的条件：共通①に加えて，
②　参与者Bが当該発話を行うことを参与者Aは欲していないこと
用例：「駅まで迎えに来てくれないか」「今，取り込んでるんだよ」

《譲渡要求》・《譲渡》
会話の目的：ある事物の所有権を参与者Bから参与者Aに移すこと
語用論的条件：共通①に加えて，
②　参与者Bが当該発話を行うことを参与者Aが欲していること

③　参与者Bによる当該発話は参与者Aに利益をもたらすこと
用例：「この土地を僕に譲ってくれないか」「ああ，譲ってやるよ」

《命名要求》・《命名》／《任命要求》・《任命》

会話の目的：ある人物・事物に対して，参与者Bの権限に基づいて名称／社会的地位を与えること

語用論的条件：共通①に加えて，

②　参与者Bが当該発話を行うことを参与者Aが欲していること

③　参与者Bによる当該発話は参与者Aに利益をもたらすこと

④　当該命題は人物・事物の名称や社会的地位について示すものであること

用例：「私は何をすればいいですか」「君は会計担当をやってくれ」

《判定要求》・《判定》

会話の目的：ある命題が真であることを参与者Bの権限に基づいて定めること

語用論的条件：共通①に加えて，

②　参与者Bが当該発話を行うことを参与者Aが欲していること

④　当該命題は参与者Bの権限において真であることが示されるものであること

用例：「ビデオではどうですか」「東方力士の足が先に出ています」

《解任》／《破門》

会話の目的：ある人物の社会的／宗教的地位を，参与者Bの権限に基づいて剥奪すること

語用論的条件：共通①に加えて，

②　参与者Bが当該発話を行うことを参与者Aは欲していないこと

④　当該命題は人物の社会的・宗教的地位について示すものであること

用例：「君には主将を降りてもらう」「わかりました」

《辞任要求》・《辞任》／《辞退要求》・《辞退》

会話の目的：参与者Bの社会的地位／権限を，参与者B自身の権限に基づいて剥奪すること

語用論的条件：共通①に加えて，

④　当該命題は参与者Bの社会的地位や権限について示すものであること

用例：「もう主将はやめたらどうですか」「そうしたいと思います」

《進行要求》・《進行》

会話の目的：参与者Bの権限に基づいて，物事を進行すること

語用論的条件：共通①に加えて，

② 参与者Bが当該発話を行うことを参与者Aが欲していること
④ 当該命題は，ある活動の開始・終了について示すものであること
用例：「ただいまより，衆議院予算委員会を始めたいと思います。」

{演述}（assertives）

共通の会話の目的：世界の現象に関して述べること
共通の語用論的条件：
① 参与者Bが当該命題を述べる根拠を有していないことは自明ではないこと
個別の語用論的条件：参与者にとっての自明さに関する条件⇒②，命題内容に関する条件⇒③，参与者にとっての望ましさに関する条件⇒④

《陳述要求》・《陳述》
会話の目的：世界の現象を命題として述べること
語用論的条件：共通①のみ
用例：「あの人は独身かな」「いや，結婚してるらしいよ」

《報告要求》・《報告》
会話の目的：世界の現象における事実を命題として参与者Bが参与者Aに伝達すること
語用論的条件：共通①に加えて，
② 参与者Bが述べる当該命題の内容を参与者Aが知っていることは自明ではないこと
用例：「何かあったのか」「近くで事故があったそうです」

《主張要求》・《主張》
会話の目的：世界の現象に対する参与者の見解を他の参与者に伝えること
語用論的条件：共通①に加えて，
③ 当該命題は参与者の立場によって異なるものであること
用例：「彼の仕事ぶりに対する君の評価はどうかね」
　　　「まあまあよく頑張っていると思いますよ」

《賛同要求》・《賛同》／《反論》
会話の目的：世界の現象に対する参与者どうしの見解を一致させること
語用論的条件：共通①に加えて，
③ 当該命題は参与者の立場によって異なるものであること
用例：「彼は仕事をよく頑張っていると思いませんか」

「そうですね」／「果たしてそうでしょうか」

《賞賛要求》・《賞賛》（＝《ほめ》）
　会話の目的：参与者Bが参与者Aに対して肯定的評価を伝えること
　語用論的条件：共通①に加えて，
　③　当該命題は参与者Aまたはその所有物に関するものであること
　④　参与者Bが述べる当該命題は参与者Aにとって望ましいものであること
　用例：「私の今日の発表はどうでしたか」「非常に素晴らしかったよ」

《非難》
　会話の目的：参与者Bが参与者Aに対して否定的評価を伝えること
　語用論的条件：共通①に加えて，
　③　当該命題は参与者Aまたはその所有物に関するものであること
　④　参与者Bが述べる当該命題は参与者Aにとって望ましくないものであること
　用例：「何をやってるんだ。ミスばかりじゃないか」「すみません」

　　{表出}（expressives）
　会話の目的：参与者の心情を伝達すること
　共通の語用論的条件：なし
　個別の語用論的条件：参与者の利益に関する条件⇒①，参与者の欲求に関する条件⇒②，参与者の意志に関する条件⇒③

《感情要求》・《感情表出》
　会話の目的：参与者の心情を他の参与者に伝達すること
　語用論的条件：なし
　用例：「同窓会はどうだった」「とても楽しかったよ」

《共感要求》・《共感表出》
　会話の目的：参与者どうしの心情を一致させること
　語用論的条件：なし
　用例：「課長の言い方，嫌な感じじゃない？」「まったくだ」

《感謝要求》・《感謝》／《恩着せ》
　会話の目的：参与者Bが参与者Aによってもたらされた利益に対する肯定的評価を参与者Aに伝えること
　語用論的条件：①　参与者Aは現に参与者Bに利益を与えていること
　用例：「あなたに一票を投じたんです」「本当にありがとうございます」

《謝罪要求》・《謝罪》／《不満表出》
　会話の目的：参与者Bが参与者Aにもたらした不利益に対する否定的評価を参与者Aに伝えること
　語用論的条件：①　参与者Bが現に参与者Aに不利益を与えていること
　用例：「30分も待ったんだよ」「本当に申し訳ない」

《祝福》
　会話の目的：参与者Bが利益を享受していることへの共感を参与者Aが参与者Bに伝えること
　語用論的条件：①　参与者Bが現に利益を受けていること
　用例：「志望校合格，本当におめでとうございます」

《見舞い》
　会話の目的：参与者Bが不利益を享受していることへの共感（同情）を参与者Aが参与者Bに伝えること
　語用論的条件：①　参与者Bが現に不利益を受けていること
　用例：「痛かったでしょう。早くよくなってね」

《激励》・《決意表出》
　会話の目的：参与者Bがある行為を通じて望ましい事態の実現を願うこと
　語用論的条件：
　②　参与者Bは当該行為の実行を欲していること
　③　当該行為は参与者Bの意志だけでなし得る行為ではないこと
　用例：「合格できるよう祈ってるから頑張って」「はい，頑張ります」

《願望要求》・《願望表出》
　会話の目的：参与者Bに関する望ましい事態の実現を願うこと
　語用論的条件：
　②　参与者Bは当該事態の実現を欲していること
　③　当該事態は参与者Bの意志だけでなし得る事態ではないこと
　用例：「オリンピックに何を期待していますか」「日本でやってほしい」

　　　{形成}（formations）
　共通の会話の目的：会話を形成すること（メタ的発話機能）
　共通の語用論的条件：①　発話参与者が会話の成立を欲していること
　個別の語用論的条件：会話不全に関する条件⇒②

第 5 章　発話機能論

《挨拶》
　　会話の目的：人間関係を維持・確認すること
　　語用論的条件：共通①のみ
　　用例：「やあ」「おはよう」
《交話》
　　会話の目的：会話を継続すること
　　語用論的条件：共通①のみ
　　用例：「いいお天気ですね」「そうですね」
《注意要求》・《注意表明》
　　会話の目的：会話を開始する契機を作ること
　　語用論的条件：共通①のみ
　　用例：「あの，すみません」「はい，何でしょう」
《言い直し要求》・《言い直し》
　　会話の目的：会話不全が発生した際にそれを補正すること
　　語用論的条件：共通①に加えて，
　　②　会話不全が生じていること
　　用例：「高速の何とおっしゃったんですか」「高速増殖炉って言ったんです」
《補充要求》・《補充》
　　会話の目的：会話の継続のために必要な情報が一方の参与者に不足している場合に，その必要情報を補充すること
　　語用論的条件：共通①に加えて，
　　②　会話不全が生じていること
　　用例：Ａ１：明日映画を見に行きませんか。《勧誘》
　　　　　Ｂ１：何の映画ですか。《補充要求》
　　　　　Ａ２：タイタニックですよ。《補充》
　　　　　Ｂ２：何時からですか。《補充要求》
　　　　　Ａ３：午後２時はどうですか。《補充》
　　　　　Ｂ３：いいですよ。行きましょう。《参加》
　　　（Ａの発話群は，結果として「明日の午後２時にタイタニックの映画を見に行きませんか」という一つの《勧誘》に相当）
《問い返し》
会話の目的：会話の内容に対する驚きや不承認を示すこと

語用論的条件：共通①のみ
用例：「彼女，プロポーズ断ったんだって」「えーっ。断ったの？」

---練習問題---
　「どうして知らせてくれなかったの」という発話は文脈によって2通りの解釈が可能です。それぞれの解釈について説明しなさい。

［ヒント］
　この発話の目的が、相手から理由を≪要求≫することにあるのか，自分の不満の意思を相手に≪付与≫することにあるのかによって，発話役割が異なります。

第6章　ポライトネス理論

> **イントロダクション・タスク**
>
> 　(A), (B)は日常的に聞かれる普通の会話ですが、いずれもグライスの協調の原理に反しています。(A)は、互いにわかっているはずのことを言っているので「量の原則」に反し、(B)は、どちらかがウソをついていることになるから、「質の原則」に反しています。それなのにこれらが自然な会話として十分に成り立っているのは、どうしてでしょうか？
>
> 　(A)　「今日はさわやかないいお天気ですね。」
> 　　　「ええ、本当にさわやかでいい日になりましたね。」
> 　(B)　「本当に優秀な息子さんですね。」
> 　　　「いえいえ、出来の悪い息子で、ご迷惑をおかけしています。」

6.1　リーチのポライトネスの原理

　語用論研究において、20世紀終盤から急速に注目を集めているトピックがポライトネスである。ポライトネスとは、会話において、話者と相手の双方の欲求や負担に配慮したり、なるべく良好な人間関係を築けるように配慮して円滑なコミュニケーションを図ろうとする際の社会的言語行動を説明するための概念である。今日取り上げられるのは、主にリーチのポライトネスの原理とブラウン＆レヴィンソン（以下、B＆L）のポライトネス理論である。

　グライスの協調の原理（cooperative principle）がコミュニケーションの成立そのものを目的とする原理であったのに対し、それとは別の目的、すなわち、対人関係をよりよいものにしたいという高度な配慮をもってなされる言

語行動の原理について,リーチはポライトネスの原理 (politeness principle)[1] として論じた (Leech (1983))。

具体的には自己と他者に及ぶ利益・負担などに配慮して行われる言語行動の原理を,6項目の原則として立てている。

ポライトネスの原理 (politeness principle)

気配りの原則 (tact maxim)
  (a) 他者の負担を最小限にせよ
  (b) 他者の利益を最大限にせよ

寛大性の原則 (generosity maxim)
  (a) 自己の利益を最小限にせよ
  (b) 自己の負担を最大限にせよ

是認の原則 (approbation maxim)
  (a) 他者への非難を最小限にせよ
  (b) 他者への賞賛を最大限にせよ

謙遜の原則 (modesty maxim)
  (a) 自己への賞賛を最小限にせよ
  (b) 自己への非難を最大限にせよ

一致の原則 (agreement maxim)[2]
  (a) 自己と他者との意見相違を最小限にせよ
  (b) 自己と他者との意見一致を最大限にせよ

共感の原則 (sympathy maxim)
  (a) 自己と他者との反感を最小限にせよ
  (b) 自己と他者との共感を最大限にせよ

---

[1] 池上・河上訳 (1987) では「丁寧さの原理」と訳しているが,この訳が誤解のもととなっていること,B&Lのポライトネス理論と本質的に重なる内容であることから,本書では「ポライトネスの原理」と訳す。

[2] 池上・河上訳 (1987) では「合意の原則」と訳しているが,日本語の「合意」は契約成立などの相互的なものに用いられるため,本書では,先行意見に一致させるというこの原則の趣旨に添うように「一致の原則」と訳した。

6.1.1　気配りの原則・寛大性の原則

―タスク1――――――――――――――――――――――

(1)〜(6)はどれも「〜てください」という共通の表現形式を持った文です。相手に対する言いやすさの観点から順位をつけてみましょう。

(1)　このじゃがいもの皮をむいてください。
(2)　新聞を取ってください。
(3)　すわってください。
(4)　あれを見てください。
(5)　休日を楽しんでください。
(6)　もうひとつサンドイッチをお召し上がりください。

――――――――――――――――――――――――――

　これらはいずれも，リーチが用いた用例を日本語に翻訳したものである（Leech (1983) p.107）。表現形式は同じく命令文（日本語では命令・依頼表現とされる「〜ください」）でも，負担と利益の度合いが少しずつ違っている。(1)はこれら6例の中で相手[3]の負担が最も大きく，話者[3]の利益が大きい。(6)に向かって次第に，相手の負担が減り，利益が増していく。話者の方は利益が減り，負担が増していく。(6)はこれら6例の中で相手の利益が最も大きく，話者の負担が最も大きい。

　このような場合，(1)から(6)に向かうほど，よりポライトネスが高く，人はなるべくそうしたポライトネスの高い言語行動を選択しようとする。これを示したのが，ポライトネスの原理のうちの気配りの原則と寛大性の原則であ

――――――――――――――――――――――
[3] 原則の中では自己（self），他者（other）の語が用いられているが，会話の参与者としては通常，話者（speaker）と相手（addressee）を指す。会話参与者でない第三者（third party）については，この原則においては通常相手と同じ位置づけになるので，他者としたと考えられる。ただし，第三者のうち話者の親族や親友などは，自己側に含まれることがあるので，厳密ではない。ここでは，わかりやすさのため，話者，相手とする。

る。

　他者の利益を最大にして負担を最小にする他者志向の原則が気配りの原則であり，自己の利益を最小にして負担を最大にする自己志向の原則が寛大性の原則である。人は個としては自己の利益を求めようとするものだが，他者との関係のなかでは逆に自己の利益を抑えようとする。その方が他者に好かれるということを経験的に知っているからである。この2原則は，対人関係を構成する要素として負担と利益を扱ったものである。

6.1.2　是認の原則・謙遜の原則

　次に対人関係要素として扱われているのが，非難と賞賛とである。イントロダクション・タスクの用例(B)では一方は相手の息子を賞賛し，一方は自分の息子を非難している。両者の発話内容は食い違っているのだから，どちらかが嘘をついている，すなわちグライスの協調の原理における質の原則に違反しているということになる。しかし，人は誰でも自分を誉めることには抵抗があり，実際よりも低く言おうとするし，他者を非難することにも抵抗があり，実際よりも誉めようとする傾向がある。人が誰でも持っているこのような傾向を原則として明文化したものが是認の原則であり，謙遜の原則である。他者への賞賛を最大にして非難を最小にする他者志向の原則が是認の原則であり，自己の賞賛を最小にして非難を最大にする自己志向の原則が謙遜の原則である。人は誰でも人から賞賛されれば嬉しいものだが，他者との関係の中ではそれは否定しなければならないのである。

　したがって(B)では，相手の息子を是認の原則によって実際以上に高く評価し，自分の息子は謙遜の原則によって実際よりも低く評価して言うことが推測されるので，この息子の実際の優秀さがどの程度なのかに関わりなく，この会話は一般的に自然な会話と受け取られるであろう。

　このように見ると，ポライトネスの原理を守るためならば，協調の原理に違反してもかまわないことになる。つまり，ポライトネス原理の方が協調の原理よりも強い原理として働いているということなのである。

6.1.3　一致の原則

---タスク2---

次の会話は少々落ち着かないところがあります。その原因について考えてみましょう。また，この会話参与者の人間関係については何か推測できるでしょうか。

(7)　「今日の演説は非常に軽薄で中味のないものでしたね」
　　　「いや，とても中味のある充実したいい演説でしたよ」

　これまでに挙げた4種の原則が会話参与者自身の利害や評価に関わるものであった。その場合，(B)のように，一方がほめて一方がそれを否定するというような不一致があっても，対人関係には何ら問題は生じなかった。

　これに対し，会話参与者の利害や評価とは無関係な意見の《陳述》に関わる一致の原則においては，双方の発話内容をなるべく一致させようという意識が働く。(7)の場合，これに該当する会話内容であるにもかかわらず，真っ向から反論しているため，落ち着かないのである。

　ただ，会話参与者の人間関係によってはその不自然さも変わる。たまたま一緒に選挙演説を聴いた友人同士の会話であるとすれば，仮に反論するにしても何らかの配慮表現を用いて緩和するのが普通で，ここまで真っ向から反論することは稀だ。しかし，選挙前のテレビ番組に出演した対立政党の政治家どうしの討論であるとすれば，この程度の反論は普通の光景である。政治家の場合は，支持を多く得て選挙に勝つことが目的であって，人間関係を維持する目的によるポライトネスは，優先順位が低いのである。

　一致の原則では，意見の中味については問題にせず，相手との一致だけを求める。従って，先に意見を言った方が幾分得であり，後から発言する者は先行意見になるべく合わせなければならない。

6.1.4 共感の原則

リーチが挙げた第6の原則が感情の《表出》に関わる共感の原則である。会話参与者自身の心情に直接関わる点では，最初の四つの原則に近いが，相手との一致を図ろうとする点では一致の原則と共通している。

イントロダクション・タスクの(A)は天気に関する発話で，ほとんど情報量がゼロだが，相手の心情との共感を表出し合うことそれ自体が，共感の原則の目的に添っている。

友人の家族の葬儀に赴いた際は，故人とは直接面識がなくても，大事な家族を失った友人の悲しみに共感して，「本当に残念です」「寂しいですね」等と共感の言葉を口にする。「ご愁傷様です」という定型句も本来そのための表現である。ただし，日本の儀礼習慣としては，葬儀の際にはっきりと物を言うこと自体を忌み嫌う傾向があり，これらの言葉も，何を言っているかよくわからない程度にもごもごと言うのがよいとされている。悲しそうな表情を見せるという非言語行動だけでも共感の原則に添うのである。

リーチはこのように協調の原理よりも強く働く原則群をポライトネスの原理としてまとめたわけである。

6.2 B＆Lのポライトネス理論

6.2.1 フェイスとFTA

B＆L (1987) は，ポライトネス (politeness) を，Goffman (1967) の**フェイス (face)** の概念を援用して規定している。人は誰でも社会生活を営む上で他者との人間関係に関わる基本的欲求をもつ。これがフェイス[4]である。さらにフェイスに2種あり，他者に受け入れられたい，好かれたい，という欲求を**ポジティブフェイス (positive face, PF)**，自分の領域を他者に邪魔さ

---

[4] 「面子」「面目」とも訳されるが，誤解のもととなるため，先行研究にならい，「フェイス」とする。

れたくない，という欲求を**ネガティブフェイス**（negative face, NF）とする。

人と人とのコミュニケーションにおいては，相手のフェイスを脅かす危険性がたくさんある。例えば，依頼をすることは，相手がそれに応じる場合，時間や手間をかけることになるのだから，相手の領域に踏み込むことになる。したがって，相手のネガティブフェイスを脅かす。また，人は誰でもできる限り相手に好かれたいと思っているから，依頼を受けた時にはそれに応じなければならないという心理的負担を負う。これは相手のポジティブフェイスを脅かす。もし，やむを得ず依頼を断るとすれば，その断り行為が今度は，もとのネガティブフェイスを脅かすことになる。このように，相手のフェイスを脅かす可能性のある行為を総称して**フェイス脅かし行為**（face-threatening act：以下，FTA）と呼ぶ。

---タスク3---
FTAに当たる発話行為には，依頼以外にどのようなものがありますか。挙げられるだけ挙げてみましょう。

B＆Lは，聴者のフェイスを脅かすFTAとして，以下の行為を挙げている。

Ⅰ **聴者のネガティブフェイスを脅かすFTA**
①聴者に何らかの行為をさせようとする行為　例：命令，依頼，提案，助言，念押し（reminding），脅迫，警告，挑戦（dare）など
②聴者に利益を与える話者の未来の行為　例：提供，約束など（＝聴者が話者に対して借りや負い目を感じさせることが聴者のフェイスを侵害）
③話者が聴者や聴者の所有物に対する欲求を表す行為　例：聴者への賞賛，羨望，憎悪，怒り，肉欲などの表出（＝聴者に，話者の欲望を満足させなくてはならないと思わせることが聴者のフェイスを侵害）

Ⅱ **聴者のポジティブフェイスを脅かすFTA**
①話者が聴者に対して否定的な評価を示す行為　例：不賛成，批判，不満

表明，叱責，非難，侮辱，反論など
②話者が聴者のポジティブフェイスに配慮しないことを示す行為　例：激しい感情表出，不遜な態度（irreverence），タブーへの言及，聴者に関する悪い知らせ，話者に関する良い話題，いたずらに感情を煽ること，対立を招く話題（政治・人種・宗教等）の提示，会話への非協力（聴者の話を遮る，無関係な発言をする，注意を向けない等），など

---タスク4---
　上に挙げたものはすべて会話において，話者が聴者のフェイスを脅かす場合です。では，話者が話者自身のフェイスを脅かすことはFTAと言えるでしょうか。

　人であれば誰しもがフェイスという欲求を持ち，そして誰もが会話においては，話者になったり聴者になったり役割を交代する。その意味で，聴者だけでなく話者にも当然フェイスがある。ただ通常は，発話に際して話者自身のフェイスよりも聴者のフェイスを意識して話すものである。しかし，会話は話者と聴者の協調によって成り立つ。会話の自然な流れの中で話者自身のフェイスが脅かされる発話を言わざるを得なくなり，居心地の悪さを感じることがある。その場合，その発話自体がFTAでもあり，その発話を仕向けた聴者側（先行する発話の話者）がFTAを行ったと見ることもできる。B＆Lは話者自身のフェイスを脅かすFTAとして，以下の行為を挙げている。

Ⅲ　話者のネガティブフェイスを脅かすFTA
①感謝表明（＝話者が借りを背負う）
②聴者側の感謝や謝罪の受け入れ（＝「気にしないで」などと言うことで，聴者の借りを小さくしてしまう）
③弁解（＝自分の非を認めることで聴者からの批判を引き起こす）
④聴者からの提供の受け入れ（＝話者が借りを背負う）
⑤聴者が犯した無礼への反応（＝話者が当惑させられる）
⑥不本意な約束や提供（＝不本意であることを表現できない）

第6章 ポライトネス理論

Ⅳ　話者のポジティブフェイスを脅かすFTA
　①謝罪（＝相手に不利益を与えたことを認める）
　②賞賛の受け入れ（＝自分に対する賞賛を否定したり，代わりに相手を持ち上げたりしなければならなくなる）
　③身体の制御が利かなくなること（＝恥ずかしい振る舞い）
　④自虐，ごまかし，萎縮，とぼけ，自己矛盾
　⑤罪の告白，責任を認めること
　⑥感情の抑えが利かなくなること

　Ｂ＆Ｌのポライトネス理論とリーチのポライトネスの原理とは，共通の現象を異なる角度から理論化したものである。相手から負担・非難を受けたくない，相手に自分と異なる意見を主張されたくない，相手に自分に対する反感を持たれたくない，という欲求は，ネガティブフェイスに含まれるし，一方，相手に対して利益・賞賛を与えたい，相手と一致した意見を主張したい，相手に共感したい，という欲求は，ポジティブフェイスに含まれる。むしろ，Ｂ＆Ｌの理論のオリジナリティは，これらのフェイスに配慮して行う言語行動の体系をポライトネス・ストラテジーとして定式化していることにある。

6.2.2　ポライトネス・ストラテジー

　人はFTAを回避するための言語行動，つまり，相手のフェイスをなるべく脅かさないように配慮した言語行動を行う。その際，人は当該のFTAが相手のフェイスを脅かすリスクの度合いを見積もり，それに応じた適切な言語行動を多種多様な言語行動の中から選択する。この行為選択の体系を，Ｂ＆Ｌはポライトネス・ストラテジー（politeness strategy）として示している。ストラテジーとはもともとは戦略と訳される軍事用語で，言語学では方略と訳すこともあるが，本書ではカタカナで表記する。単なる戦法や戦術とは違って，相手の出方に応じて柔軟に動きを変える臨機応変さ表す語であり，ポライトネスに関わる言語行動の文脈依存的性質を表すのに適した語として

B＆Lは好んで用いている。

> ─タスク5─
> 　FTAを行う際，そのことによって相手のフェイスをなるべく脅かさないために，どのような言語行動を選択するでしょうか。典型的なFTAである依頼を例に取って考えてみましょう。筆記用具を忘れてしまったので，人からペンを借りるとき，どんな言い方をするでしょうか。相手との上下関係や親疎関係で言い方がどのように変わるか，借りるものがペンではなく，お金だったらどうなるか，などなど，いろいろ考えてみましょう。

　人間関係を損なわないことだけを目的とするならば，誰のフェイスも絶対に脅かさないのが一番であり，誰とも会話せずに山に籠もって仙人のような生活をする以外にない。しかし，それは極論で，実際のところ，人は人間関係以外のいろいろな目的を持って生きており，それらの目的のための言語行動を行いながら，同時に人間関係を維持すべくバランスを図ろうとする。

　B＆Lは，ここで言う目的に相当するものとして，三つの欲求を挙げた。話者がストラテジーの決定に際し，これら三つの欲求の重要度を考慮するのだと言う。

(a)　FTAxの内容を伝えたいという欲求
(b)　効率または緊急性を優先したいという欲求
(c)　聴者のフェイスを維持したいという欲求

(a)は発話の本来の目的であり，(c)は対人関係維持というポライトネスの目的である。通常は(a)と(c)の適切なバランスを図りながら発話する。(a)の目的，つまり，ペンを借りたい欲求がどの程度なのか，(c)の目的，つまり，依頼する相手がどの程度，慎重にフェイスに配慮すべき相手なのか，それらの度合いによってストラテジーの選択が変化する。そして，火事場で人を救出しようとするときのような緊急性が求められる場合などは(b)によって(c)が完全に

第6章 ポライトネス理論

打ち消されることがあり得る。

　そのようにして選択される言語行動には，次のようなものがある。まず，FTAを行うか，行わないか（⑤）。FTAを行うとすれば明示的に行うのか，婉曲的にほのめかすのか（④）。明示的にFTAを行うとすれば，あからさまに行うのか（①），補償行為を伴いつつ行うのか。補償行為を行うとすれば，それはポジティブポライトネスか（②），ネガティブポライトネスか（③）。

　以上の選択を示したチャートが，〔図1〕である（B&L（1987）p. 60, 69）。ここで番号を添えたものが実行されるストラテジーである。〔図1〕では，①〜⑤の順で上下に並び，上のものほど，相手のフェイスを脅かすリスクが小さいと見積もった時に用いるストラテジーで，下のものほどリスクが大きいと見積もった時に用いる言語行動である。

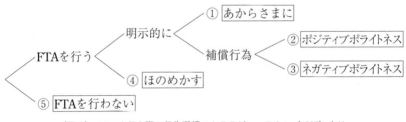

〔図1〕　FTAを行う際の行為選択ストラテジー　B&L（1987）より

①あからさまに FTA を行う（without redressive action, baldly）：

　聴者からの報復の恐れがない場合に用いられる。具体的には，緊急や効率を要する場合に，「危ない，頭を下げろ」と乱暴に叫んだとしても，あとで「失礼だ」と言って抗議されることはないだろう。また，提供，依頼，提案などが聴者に負担をかけるより，むしろ聴者の利益になるようなものであった場合は，あからさまに表現しても聴者のフェイスを脅かす危険性が少ないとしている。また，話者の権力が聴者よりも非常に強い場合もこれに当たる。

　例えば，学生が教授に推薦書を書いてほしいと頼みに行った時にたまたま教授がペンを持っていなかったとしたら，その学生にペンを貸してくれと頼

むことにはほとんど遠慮がないであろう。借りたペンを学生の利益のために使うことが確実だからである。そうでなくても，両者の上下関係から言えば，学生が教授に何らかの報復を企むとは考えにくい。

②ポジティブポライトネス（positive politeness）

　FTAを行う際に補償行為として伴うのがポライトネスである。これによって，FTAを行いつつ，本当はFTAを行いたくはなかったのだという，人間関係維持の目的が存在していることを相手に伝えて，FTA実行と人間関係維持の両立を図るということである。このうち，ポジティブフェイスに配慮した補償行為が**ポジティブポライトネス（以下，PP）**である。友情関係や連帯感を表現することで，話者と聴者の欲求が共通していることを示す。「ペン貸してくれる？　君しか頼める人がいないんだ」のように，聴者との友情を強調するのはこれに当たる。

③ネガティブポライトネス（negative politeness）

　ネガティブフェイスに配慮するのが**ネガティブポライトネス（以下，NP）**である。その言語行動は多種多様である。B&Lが挙げているもののうち，日本語にも共通するのは次の4つである。

[1] 聴者の欲求を妨げないようにする
　　例：使っていないペンがあったら貸してくれない？
[2] FTAに対して謝罪することで補償する
　　例：すみません。恐縮ですが，ペンを貸していただけませんか。
[3] 直接的表現を避ける　例：ペンを貸してくれたら嬉しいな。
[4] 慣習化された婉曲的表現を用いる
　　例：ペンを貸してほしいんだけど。

④ほのめかし（off record）

　様々な表現を使って婉曲的に意図を伝えようとすることも多い。「ペン忘れちゃったなあ」等とつぶやくことで，友人が気を利かせて貸してくれるこ

とを期待するわけである。しかし，この方法は当てが外れて意図が伝わらないか，別の意図で読み取られてしまう可能性もある。その意味では，本来の目的が達成されないリスクを冒してでも，人間関係を冒すリスクの方をより重視して配慮していることになる。

⑤ FTA を行わない

相手のフェイスを一切脅かさないことを重視するならば，FTA そのものを回避して「何も言わない」のが一番である。気が小さい人なら，「ペンを貸してくれ」との依頼を自粛して，自分の頭で一生懸命覚えようとするかもしれない。このように「何も言わない」ことも言語行動の選択肢の一つなのである。

行為選択のストラテジーにおいて，人は今自分が行おうとしている FTA が相手のフェイスを傷つけるリスクの大きさはどのぐらいかを瞬時に判断して，それに応じた行為（上記の①～⑤）を選択する。B＆Lは，FTAである行為 x が相手のフェイスを脅かすリスクの大きさ W_x を算出する **FTA 度計算式**（computing the weightiness of an FTA）を提示している（B＆L（1987）p. 76）。

$$W_x = D(S, H) + P(H, S) + R_x$$

変数
D（S, H）：話者 S と相手 H の社会的距離（social distance）
P（H, S）：相手 H の話者 S に対する相対的力（power）
R_x：特定の文化で，行為 x が相手にかける負荷度（ranking of imposition）

つまり，疎遠な相手や社会的に自分よりも上位の立場の相手に対しては，フェイスを脅かす度合いが高まるということである。

また，B＆Lはフェイスを脅かす負荷度には親疎関係や上下関係といった人間関係による変数のほかに，異文化間の文化的差異があると考えている。

これをこの計算式で変数 Rx として立てている。これは，行為 x が特定の文化においてどの程度負荷がかかるかに関する変数である。

行為選択のストラテジーの説明のなかで，依頼の際に「ペン貸してくれる？　君しか頼める人がいないんだ」のように友情を強調することをポジティブポライトネスであると述べた。実際のところ，中国では依頼に際してこの種の表現が多用されることがよく知られている。相手に負担をかけることも友情の証と捉える傾向があるという。いっぽう，日本ではこの種の表現がやや押しつけがましいと捉える傾向がある。この場合は中国より日本のほうが R x の値が大きいことになる。B＆L はこのように文化的差異を計算式に取り込んでいるわけである。

6.2.3　ポジティブポライトネス・ストラテジー

B＆L はポライトネス・ストラテジーのもとに3種の下位ストラテジーを提示している。その第一がポジティブポライトネス・ストラテジー（PPS）[5]である。人は誰でも他者に受け入れられたいとするポジティブフェイス（PF）を持っているが，さまざまなインタラクションのなかでやむなく相手の PF を脅かす FTA を行わざるを得ないときに，それを挽回するための補償行為として相手への好意や親密さを表現するなどして，相手の PF を充たそうとする言語行動がポジティブポライトネス（PP）である。また，FTA を前提とせずに積極的に相手の PF を充たす目的で PP が行われることもある。

B＆L は15種の PPS を挙げている。ここでは，そのうちのいくつかの PPS に基づく日本語の用例を添えることにする。

> PPS 1. 聴者（の興味，欲求，ニーズ，持ち物）に気づき，注意を向けよ／PPS 2. 聴者への興味，賛意，共感を誇張せよ／PPS 3. 聴者への興味を強くせよ／PPS 4. 仲間内であることを示す標識を用いよ

---

[5] PPS, PF, PP は B＆L（1987）の原書や訳書で用いられていない本書の便宜的な略称である。次の NPS 以降も同じである。

第6章　ポライトネス理論

　(8)　今日はまた一段と晴れやかな装いですね。
　(9)　本当にすばらしいスピーチで，鳥肌が立ちましたよ。
　(10)　おかっち，今さっき起きたんだべ？

　PPS1～8は「共通基盤を述べよ」というストラテジー群である。
　(8)では聴者の服装が普段よりも印象が強いことから，その場に臨む意識の高さを感じ取り，そのことを評価されたい聴者のPFを読み取って伝えている（PPS1）。(9)は聴者への賛意を誇張した表現である（PPS2）。
　(10)ではニックネームの使用，方言の使用によって，仲間内であることを示し，聴者と共通基盤を共有していることをアピールしている（PPS4）。

| PPS5．一致を探せ／PPS6．不一致を避けよ／PPS7．共通基盤を想定せよ／喚起せよ／述べよ／PPS8．冗談を言え |

　(11)　（日常のおしゃべりの中で）パンダの赤ちゃん，かわいいね。
　(12)　彼女，関西の人じゃないかな，よくわからないけど。
　(13)　私って目が悪いじゃないですか。だから小さい字は苦手なんですよ。

　(11)では，他愛のない日常会話のなかで，なるべく皆が知っていてあまり異論が出なさそうな共通話題を提示している（PPS5）。(12)では聴者に提供した情報が結果的に不一致に陥ることに備えてヘッジ[6]をかけている（PPS6）。(13)は相手の認識が自分と同じであると想定しながら（実際はそうでないとしても）話題を展開している（PPS7）。なお，下線部はポライトネス機能が慣習化した配慮表現[7]（以下，同じ）。

| PPS9．話者は聴者の欲求がわかっていて，そして気遣っていると述べ

---

[6] ヘッジ（hedge）とは文や語が持つ意味特徴の度合いを修正する接辞，文末表現，前置き表現，慣用句などを指す。多くの場合，文の断定の度合いをぼかしたり，語の意味をわざと希薄にしたりするところから「ぼかし表現」と訳されることも多い。
[7] 配慮表現については第7章を参照のこと。

139

> よ，もしくは，それを前提とせよ／PPS 10. 提供せよ，約束せよ／PPS 11. 楽観的であれ／PPS 12. 話者と聴者の両方を行動に取り込め／PPS 13. 理由を示せ，もしくは尋ねよ／PPS 14. お互いさまであると見なせ，もしくは述べよ／PPS 15. 贈り物（品物，共感，理解，協力）を聴者に贈与せよ

⑭　クラシック音楽に興味がないかもしれないけど，だまされたと思ってこの名曲のCD，聴いてみて。
⑮　（教師が生徒に）じゃあ，少し休憩しましょうか。
⑯　（生徒が教師に）先生，休憩しましょうよ。
⑰　この前はごちそうになったから，今日はぼくがおごるよ。

　PPS 9～14は「話者と聴者が協力者であることを伝える」ストラテジー群である。⑭では相手の欲求に関する理解を，前置き配慮用法のカモシレナイを用いて提示し（PPS 9），その上でCDの鑑賞を薦めている。
　⑮は《許可》，⑯は逆に《許可要求》であるが，いずれも話者と聴者を共同行為者であるかのように述べている（PPS 12）。このうち⑯は休憩したいのは自分なのに聴者を共同行為に巻き込むことで，《許可要求》がFTAであることから目を逸らす楽観的表現にもなっている（PPS 11）。
　⑰は利益の相互性を提示するものであるが（PPS 14），このように話者自身のPFと聴者のPFとを鏡像のように同時に充たそうとするのはここに挙げたストラテジー群に共通した性格である。
　PPS15はHの欲求を満たすストラテジーである。

6.2.4　ネガティブポライトネス・ストラテジー

　第二の下位ストラテジーがネガティブポライトネス・ストラテジー（NPS）である。人は誰でも他者に自分の領域を侵害されたくないとするネガティブフェイス（NF）を持っているが，さまざまなインタラクションのなかでやむ

なく相手のNFを脅かすFTAを行わざるを得ないときに、それを少しでも軽減する補償行為として相手との距離を維持したり、相手への気遣いを表現したりするのが、ネガティブポライトネス（NP）である。B＆LはNPSとして10種を挙げている。ここでは、いくつかのNPSに基づく日本語の用例を添える。

> NPS 1．慣習的なやり方で間接的であれ

(18) 書類作りを手伝ってくれませんか／てもらえませんか／てもらっていいですか／てほしいんだけど／てもらいたいんだけど／てもらえたらうれしいな／てくれると助かるんだけど。

　サールはSearle（1979）において発話行為の文脈依存性を説明するために、英語において慣習的に確立された間接依頼表現を多数挙げているが、B＆LもこれをNPの筆頭に挙げている（NPS 1）。(18)は日本語の間接依頼表現のパターンを列挙したものである。どれも、問いかけや願望表現を用いることで《依頼》が持つFTA度を緩和しているが、慣習化してNPの動機づけが希薄になっている分、間接性も弱まってやや直接的なNPとなっている。

> NPS 2．質問せよ、ヘッジを用いよ

(19) 改善の余地があると言えなくもない。
(20) どちらかというと、まだ発展途上だよね？
(21) よく見直せば、もっとよくなるかもしれない。
(22) この書類、ちょっと雑かな？
(23) A案も悪くないね。そのうえで、B案の斬新さがいいね。

　NFの侵害を緩和する代表的なNPと言えば、質問の形式やヘッジを用いて断定を避けることである（NPS 2）。(20)、(22)では《非難》を付与する意図を持ちつつ質問している。また、いずれも下線部がヘッジの役割を果たしてい

る。⑲「改善の余地がある」や⑳「発展途上」のように文脈依存的な実質語もNPとして機能しており，慣習化したヘッジと併用されている。

> NPS 3．悲観的であれ／NPS 4．負荷を最小化せよ／NPS 5．敬意を示せ

⑭　ひょっとして彼の連絡先を知ってたりしません？
㉕　1分だけお時間いただけないでしょうか。
㉖　恐れ多くもお出ましいただき，光栄に存じます。
㉗　僭越ではございますが一言お祝いの言葉を申し上げます。

㉔は要求の実現に対して悲観的であることを示して相手への負担を軽減しようとしている（NPS 3）。㉕では多忙な相手に電話をかけた際に冒頭に言う常套句のようになっている（NPS 4）が，実際には1分を測ったり，1分経って中断したりはしない。敬意を示すことで相手の社会的地位などに基づくNFを侵害しない意思表示をすることもある（NPS 5）。㉖，㉗では話者を低めて聴者への敬意を示している。

> NPS 6．謝罪せよ／NPS 7．話者と聴者を非人称化せよ／NPS 8．FTAを一般的規則として述べよ／NPS 9．名詞化せよ／NPS 10．自分が借りを負うこと，相手に借りを負わせないことを明示せよ

㉘　お手数で恐縮ですが，こちらにご記入ください。
㉙　申し訳ないけど，もっと早く言ってほしかった。
㉚　（貸していた時計が）壊れちゃったみたいね。
㉛　あの，ここは禁煙区域ですが。
㉜　先生のお仕事にご一緒させていただき，光栄です。

いずれも聴者のNFをなるべく侵害しないようにしようとするNPの表現である。㉘は《依頼》，㉙は《不満表出》で，いずれもFTAであることを話

者は率直に認め，謝罪している（NPS 6）。この謝罪がNPとしてFTAを緩和する効果を最大限に発揮させるため，前置き表現として慣習化している。

(30)は《不満表出》だが，自動詞を用いることで動作主（壊した人物）を捨象している。これは話者と聴者を非人称化するNPである（NPS 7）。(31)は人物や行為に言及せず規則のみを述べるNPである（NPS 8）。

(32)では若手研究者が教授からの研究協力依頼に応じている。実際は与益者だが，自らを受益者と述べることで，《協力》によって力関係が変更することがないことを教授に伝えて安心させようとしている（NPS 10）。

6.2.5　ほのめかしのストラテジー

第三の下位ストラテジーがほのめかしのストラテジー（ORS）である。自己の行為としては「FTAを行ってはいない」と言い逃れられるよう，FTAの意図を直接的に表現することを避けつつも，相手がこちらの意図を推論により汲み取ってくれる可能性に懸けて暗示を行うのがほのめかし（off record, OR）である。こちらの意図が伝わらないリスクを覚悟のうえで，フェイス侵害の回避を優先するとき，ORが用いられる。相手に推論の手がかりを与えるのはグライスの協調の原理における原則違反である。B&LはORSとして15種を挙げている。ここでは，いくつかのORSに基づく言語行動の事例を挙げる。

> ORS 1．ヒントを与えよ／ORS 2．連想の手がかりを与えよ／ORS 3．前提に語らせよ

関連性の原則違反によるストラテジー群である。「寒いね」との発話が「窓を閉めて」の意図を伝えるヒントとなり得る（ORS 1），「体重が増えちゃった」との発話が，試合前のコンディション作りのプランを共有する選手同士の会話だとすれば「練習につきあってほしい」との推意を連想させる手がかりとなり得る（ORS 2）。

> ORS 4．控え目に言え／ORS 5．大げさに言え／ORS 6．同語反復を使え

　量の原則違反によるストラテジー群である。「わたしの髪型どう？」「いいよ」のような会話では応答発話の短さが否定的評価を暗示している（ORS 4）。「100回お電話したのですがご不在だったので」は連絡をしなかった相手への謝罪を大げさに伝えている（ORS 5）。「鶴竜って強い？」「横綱は横綱だよ」のような会話では，一見無意味に見える同語反復（tautology）の応答が，当該語彙の価値の強調を暗示している（ORS 6）。

> ORS 7．矛盾したことを言え／ORS 8．皮肉を使え／ORS 9．メタファーを使え／ORS 10．修辞疑問を使え

　質の原則違反によるストラテジー群である。「稀勢の里は強いですか」「強いし，弱い」のような会話における矛盾した応答は，それが通常の応答ではないことを表し，矛盾を止揚するような解釈を聴者に委ねている（ORS 7）。ゴミ屋敷のような部屋を訪ねて「とてもきれいな部屋だね」と言うのは，事実と反するが，ほめ言葉を用いながら《非難》を暗示している（ORS 8）。「何度言えばわかるんだ」のような応答を要求しない修辞疑問文も《非難》の効力がある（ORS 10）。

> ORS 11．多義的に言え／ORS 12．曖昧に言え／ORS 13．過度に一般化せよ／ORS 14．相手を他者に置き換えよ／ORS 15．ぜんぶ言うな，省略を使え

　様態の原則違反によるストラテジー群である。「試験はパスした」のように合格か不受験かどちらとも取れる発話では，敢えて結果をうやむやにする効果もある（ORS 11）。「三度目の正直と言うからもう一回受験したらどう？」のような奨励の発話では慣用句の一般化を利用している（ORS 13）。

それが相手にとって真実かどうかの判断は当人に委ねられている。

6.3 ポライトネス理論のまとめ

　リーチはポライトネスの原理を，グライスの協調の原理に始まる語用論の原理群の一つとして位置づけ，6つの原則として端的に整理した。いっぽうB＆Lはポライトネス理論に社会学のフェイス理論を取り込み，人が守るべきフェイスとそれに配慮した言語行動であるポライトネスを対にして記述することで，より一般性の高い理論構築に成功した。

　両者は同じ言語現象を対象として議論され，ほぼ同時期に相互に影響を与え合いながら世に問われたものであるが，記述したい言語現象の性質に応じて使い分け，時には補完的に用いるのが有効である。例えば，リーチの是認の原則「(a)他者への非難を最小限にせよ，(b)他者への賞賛を最大限にせよ」は，B＆Lの理論ではFTAである《非難》が忌避されること（最小限にせよ），フェイスを充足する《賞賛》のポライトネスが好まれること（最大限にせよ）に置き換えられる。しかし，他者への《非難》に質問やヘッジが用いられることへの説明原理だけなら「他者への非難を最小限にせよ」の原則だけでも十分説明がつくし，端的でわかりやすい。

　B＆Lのポライトネス理論の最大の特長はポライトネスをストラテジーとして表現しているところにある。つまり，ポライトネスの言語行動は上下・親疎の対人関係や言語文化的背景といった語用論的文脈に応じて，その都度選択されるものだという文脈依存性が的確に記述されているのである。

　また，もともと社会学や人類学の知見であるフェイス理論を援用していることもあり，言語行動に限らない広い意味での対人インタラクション（例えば，笑顔や握手はポジティブポライトネスの非言語行動である）を含み得る柔軟で広範な理論となっている。

　以上，ポライトネス理論の概略を説明したが，人間のコミュニケーション上の心理に基づくものであるから，個別言語の形式の差異ほどの個別性はなく，意味・機能の点において相当に普遍的であることが予想される。ただし，コミュニケーションの様式そのものに文化的差異があるとすれば，ポラ

イトネス・ストラテジーにおいても，そのような文化的差異を反映した個別性が発生することになる。

> **練習問題**
>
> ある学生がお昼にランチを食べようとして食堂に行ってみると，財布を忘れてしまったことに気づき，誰かにお金を借りることにしました。この時，相手に対して発生するリスクやその度合いについて説明しなさい。
>
> [ヒント]
>
> お金を貸してくれるよう《依頼》することは，相手に負担をかけますから，相手のフェイスを脅かす（＝FTAとなる）リスクがあります。また，その度合いは相手と自分との関係性などの発話状況によって異なります。B＆Lのポライトネス理論では，これをFTA度計算式として示しています。

第7章　日本語の配慮表現

> **イントロダクション・タスク**
>
> 　日本語には，対人コミュニケーション上の相手に対する配慮から用いる常套句（決まり文句）が多数存在します。例えば，相手の厚意を受け入れる際に言う「お言葉に甘えて」や，相手の依頼を引き受ける際の「お安い御用」などです。このような表現を思いつくだけ挙げてみましょう。

7.1　配慮表現とは何か

　現代日本語には，他者との対人関係をなるべく良好に維持することに配慮して用いられる慣習的な表現が数多く存在する。

　例えば，贈り物を贈る際に，それが高価な贈り物であっても「つまらないものですが」との言葉を添えることはよく知られている。また，来客を出迎えた際に「ご多忙のところ（お越しくださいまして……）」と言うのも，相手の実際の多忙さを確認することなく儀礼的に用いられる表現である。副詞句に多く見られるこれらの表現には，まず形式として一定の連語形式に固着化したうえ，それを構成する実質語の本義が捨象され，対人的儀礼として慣習化しているという共通の特徴がある。

　さらに最近の研究では，単語レベルでもその意味が当該語彙の原義を離れて配慮機能に特化した事例が多く指摘されている。〔表1〕をご覧いただきたい。

　(1)，(3)，(5)，(7)は辞書に記載されている各語の原義が生きている用例であるのに対して，(2)は《依頼》に対する《断り》，(4)は《勧誘》に対する《参

147

〔表1〕 単語レベルで配慮機能に慣習化した副詞の例

配慮表現		意味・機能	用例
ちょっと	原義	程度がわずかなさま	(1) 今日はちょっと寒い
	配慮機能	相手との摩擦を緩和	(2) 協力はちょっとできかねます
ぜんぜん	原義	全面的な否定	(3) ドイツ語はぜんぜんわかりません
	配慮機能	相手の心的負担を解消	(4) 私，ぜんぜん行けますよ
たしかに	原義	まちがいないさま	(5) 代金をたしかに受け取りました
	配慮機能	相手への賛同を表す	(6) たしかにあの人田中さんかも
いちおう	原義	不十分であるさま	(7) レポートはいちおう完成しました
	配慮機能	自賛の程度を抑制	(8) いちおう東大を出ています

加》，(6)は《陳述》に対する《賛同》，(8)は《質問》に対する《陳述》といった特定の文脈で対人配慮の機能を発揮した用例である。原義の方は文脈に依存しないのに対し，配慮機能の方は文脈依存的である。しかしながら，そうした文脈とこれらの語彙の配慮機能との相関関係が，同様の文脈の頻出によって慣習化して定着していくと，当該語彙の意味として追加されたような印象をもたらし，それがさらに進むと辞書に第三，第四の語釈として追加されることもある。(7.3.5を参照)

このような特徴を備えた配慮表現は副詞だけでなく，形容詞（すごい，大変だ等），接尾語・補助動詞（とか，たり，～てくれる等），文末表現（～かもしれない，～させていただく等）などにも数多く見られる。これらの対人配慮の機能を帯びた語彙・表現群を**配慮表現**と呼ぶ。

配慮表現研究はこれらの言語現象の説明にポライトネス理論を利用してはいるが，ポライトネス理論を日本語に適用しようとした理論主導の研究ではなかったので，第6章のポライトネス理論に続けて一章を設ける形で配慮表現という言語現象への理解，ポライトネス理論との関係性の明確化に供したいと考える。

7.2　配慮表現研究史

> **タスク1**
>
> ポライトネス，敬意表現，配慮表現の3つの用語について，関係性を整理してみましょう。

7.2.1　日本におけるポライトネス理論の紹介

　配慮表現は古典語にも見られるもので長い歴史を有するが，配慮表現として範疇化されて以降の研究史はほとんど21世紀以降である。「配慮表現」という用語の誕生はポライトネス理論の日本への紹介と関連している。

　Leech（1983）やB＆L（1987）におけるポライトネス理論は，ほぼ英語における言語現象を対象として理論構築されたもので，いくつかの諸言語とともに日本語への言及もわずかにあったものの，日本語の具体的な用例への分析はなかった。Leech（1983）の邦訳の池上・河上訳（1987）においても，用例はすべて原著の英文をそのまま掲示して日本語訳を添えたもので，原著が示す原理群が日本語にどこまで適用されるのかについては，訳者解説においてもほとんど言及していない。

　この邦訳でポライトネスの原理（politeness principle）が「丁寧さの原理」と訳されたことには批判もあった。日本語は敬語の体系が発達しており，敬語の一種に丁寧語もあることから，この原理に対応する日本語の言語現象を敬語に限定する誤解を招いたというものであった。月刊誌『言語』の特集（1997）「ポライトネスの言語学」においても，「敬語行動の今を探る」との副題が添えられ，特集企画として委嘱された7本の論考のうち生田（1997）を除く6本は敬語の問題を扱っていた。

　その特集において唯一，リーチやB＆Lのポライトネス理論の本質を忠実に紹介したのが生田（1997）であった。生田は日本語のオリジナルな用例を説明に用いており，ポライトネス理論が日本語の言語現象にも適用できる普

遍的原理であることを初めて示した。また生田は，日本語のポライトネスを敬語体系と考える誤解に対しても警告を発している。「ことばのポライトネスは，実は（敬語よりも）もっと広い範囲で，私達の日常の社会生活における言語使用を制御する」(p. 66) として，ポライトネスを敬語の用法だけにとらわれないよう主張し，「悪いけど，ペン貸してくれる？」のように全く敬語を使わない会話を用例に用いて，謝罪の前置きが依頼の FTA を軽減するポライトネス・ストラテジーであることを説明している[1]。さらに，「丁寧表現，待遇表現，敬語表現」などと訳すことに反対してポライトネスとカタカナ表記することを提唱している。

さらに生田は続けて「ポライトネスは当事者同士の互いの面子の保持，人間関係の維持を慮って円滑なコミュニケーションを図ろうとする社会的言語行動を指す。その意味では，言葉のポライトネスは『配慮表現』，言語的『配慮行動』などと呼ぶほうが適切かもしれない」(p. 68) と述べている。これが「配慮表現」という用語の初出である。このように配慮表現は，敬語よりももっと広範な「言葉のポライトネス」に対する名称として誕生したのである。

その後，ポライトネス理論を日本語に応用した研究も出始めた。代表的なものとして，宇佐美まゆみによるスピーチレベルシフトの研究がある。具体的には，宇佐美 (1995)，同 (1998) などで，敬体を無標とする談話において常体にシフトすることは親しみを表すポライトネスの効果があり，逆に常体を無標とする談話において敬体にシフトすることはインポライトネス（わざと失礼な態度を取ること）の効果があることを主張している。例として，夫婦げんかの際に敬体が表れることなどを挙げている。既存の敬語論のような固定的なものでなく，文脈依存度の高さや，文体の差を相対化している点など，ポライトネス理論の特性を活かした研究であった。

---

[1] 親疎関係による敬語の選択については，馴れ馴れしい表現を避けることで，相手との距離を保とうとするネガティブポライトネスの一様式で，上下関係の敬語の選択についても，目下側に目上への強い配慮が求められる日本語文化における独特なネガティブポライトネスと考えられる。このように敬語はポライトネスで説明できるが，ポライトネス全体から見ればごく小さな部分領域に過ぎない。

7.2.2　国語審議会・井出祥子の「敬意表現」

　文部科学省の諮問機関である国語審議会の第22期第1委員会は，2000年12月に「現代社会における敬意表現」を答申した。

　同委員会に先行する第21期では「敬語」を中心とした言葉遣いの問題をテーマとしていたが，第22期では「敬語」から「敬意表現」へと検討対象を拡張したものである。この拡張について，同委員会の主査として答申を取りまとめた井出祥子は，6項目のシフトとして説明している（井出（2001））が，ここでは大きく3方向への拡張に整理しておきたい。

　第一の拡張は，従前の敬語は尊敬語，謙譲語，丁寧語など，主に動詞・名詞における接辞や語彙交替の定型表現を指していたが，第22期では「御高名は伺っております」や「僭越ではございますが」などのように，尊敬や謙譲の機能を帯びた文レベル・句レベルの表現も対象に含めた。これを井出（2001）では，形式から機能へのシフト，定型から非定型も含む表現へのシフトと説明している。

　第二の拡張は，従前の敬語は身分や地位など固定的な上下関係を指標としていたが，敬意表現では状況依存的に変化する「役割」をも指標として含む。例として映画「釣りバカ日誌」の社長と社員が趣味の釣りでは関係性が逆転することが挙げられている。

　第三の拡張は，従前の敬語は，相手に失礼にならないように遠慮した表現のみであったが，第22期では「春らしいスカーフですね」のように積極的に相手を喜ばせる表現も対象に含めようとした。これを井出（2001）では，ネガティブポライトネスからポジティブポライトネスも含む視点へのシフトであるとしている。

　第三の拡張だけでなく第一と第二の拡張もまたポライトネス理論に依拠する拡張である。ポライトネス理論は，人が状況に応じて言語行動を選択することをストラテジーとして捉えており，これによって第一の拡張に見られる機能的言語行動に対する説明力も生まれるし，第二の拡張に見られる状況依存的な人間関係である「役割」も記述可能となる。

これら三つの拡張をもって「敬意表現」という新たな概念を導入したことは、ポライトネス理論の日本語への適用を敬語という狭い枠組みに閉じ込めてしまう誤解を解く役割も果たした。
　同委員会の答申では敬意表現の定義について次のように記されている。

(9)　〔敬意表現の定義〕
　　敬意表現とは，コミュニケーションにおいて，相互尊重の精神に基づき，相手や場面に配慮して使い分けている言葉遣いを意味する。それらは話し手が相手の人格や立場を尊重し，敬語や敬語以外の様々な表現から適切なものを自己表現として選択するものである。

　この定義からも敬意表現が敬語よりも幅広い様々な表現を対象としていることがわかる。なお，最終的には採用されなかったが「配慮表現」という用語も提案されていたことが同委員会の議事録に残っている。
　次に注目したいのは(9)において相手への配慮だけでなく「場への配慮」を加えている点である。井出 (2006) では，Ｂ＆Ｌの理論は欧米文化を対象とした理論であって，日本語に独特の「場をわきまえるためのポライトネスの配慮」への説明力に欠けると批判している (p. 72)。具体的には，他人の家に入る時の「お邪魔します」や会議の冒頭に言う「それでは僭越ですが……」などのように，それぞれの状況に応じた定型句が日本語には多く，これらは相手への配慮ではなく，社会の取り決めという「場」に配慮した表現だとしている。
　そして，Ｂ＆Ｌのポライトネス理論では対人的な配慮を理性によって計算してストラテジーとして表現を作り出すのに対し，日本語に特徴的なこれらの表現はそうした「場」においてあいさつや決まり文句といった定型句の使用が決まっていて選択の余地がなく，ストラテジックではないため，これをカバーする枠組みがＢ＆Ｌの理論には欠落しており，「わきまえのポライトネス」という新たな概念を立てることによってはじめて日本語の敬意表現が説明可能になると主張している（井出 (2006) pp. 71-74）。
　本書の立場では，井出が「場」と呼んでいるものは慣習化した文脈と考え

る。つまり，同様の文脈が繰り返し発生するときに，ストラテジーの選択への動機づけを効率化（省エネ化）して，この種の文脈ではこの表現を用いるといった具合に文脈と表現とが一体的に慣習化していくのである。「場に対するわきまえ」もある種の慣習化された対人配慮であって，それはそれで文脈依存的である。ただ，文脈と表現が一体的に慣習化したことにより，一見すると選択の余地がない（＝ストラテジックでない）ように見えるだけなのである。

　このようなポライトネス機能を帯びた表現の慣習化現象は決して日本語だけに見られる現象ではない。例えば，英語における依頼表現として能力疑問文 "Can you 〜 ?" が用いられることをB＆L（1987）ではネガティブポライトネス・ストラテジー 1「慣習的なやり方で間接的であれ」の事例として挙げている（p. 133）。これは依頼という頻出する文脈において慣習化したものであり，中国語の「能不能〜？」にも同様のことが言えることから依頼表現の慣習化に関しては普遍性が高い。いっぽう儀式や式典での「僭越ではございますが」のように普遍的とは言えない表現もある。これは，どのような文脈が慣習化しやすいか，また，どのような形式に慣習化していくのかが個別言語によって異なると考えるべきで，この種の慣習化現象が日本語に独占的に見られるとするのは誤りである。

　以上を整理すると，「敬意表現」は今日においてはより広範な概念である「配慮表現」に統合して，一つの領域で議論していくことが望ましいと考える。

7.2.3　配慮表現研究の展開

　90年代後半から2000年代にかけて，日本語教育界を中心に，相手に対する配慮によって発生する言語現象が個々の論考で指摘され始めた。具体的には，《賛同》に用いる終助詞「もの」（橋本（2000）），《反論》や《非難》に用いる「かもしれない」（平田（2001）），《許可要求》に応じる《許可》や，《依頼》に応じる《協力》などに用いる副詞「ぜひ」（福島（2002）），《断り》や《非難》などに用いる副詞「ちょっと」（牧原（2005））の考察などで，いずれ

もキーワードや論旨に「配慮」あるいは「配慮表現」という用語を用いていた。また，その多くが単語の語法を説明するうえでポライトネス理論を適用している[2]。ただし，相互の参照度は低く，それぞれ独立したテーマから結果的に共通地点に到達したものである。

国語審議会・井出の「敬意表現」との違いは，「敬意表現」が主に文や句のレベルの表現を対象としたのに対し，これら一群の研究は単語レベルでポライトネス機能を帯びた表現群を対象としたものであった。

これらの研究群と前後して，「配慮表現」「配慮」という用語がタイトルに用いられた研究書・雑誌連載が相次いで刊行された。④は本書の前著に当たる。

①新屋映子・姫野伴子・守屋三千代・陳淑梅（2003～2004）「（連載）配慮表現からみた日本語①～⑫」『日本語』第16・17巻（アルク）

②彭飛（2004）『日本語の「配慮表現」に関する研究』（和泉書院）

③国立国語研究所（2006）『言語行動における「配慮」の諸相』（くろしお出版）

④山岡政紀・牧原功・小野正樹（2010）『コミュニケーションと配慮表現』（明治書院）

⑤三宅和子（2011）『日本語の対人関係把握と配慮言語行動』（ひつじ書房）

⑥三宅和子・野田尚史他編（2012）『「配慮」はどのように示されるか』（ひつじ書房）

⑦野田尚史・高山善行・小林隆編（2014）『日本語の配慮表現の多様性』（くろしお出版）

これらはより広範な領域をカバーしている。日中対照を含む②，ケイタイメールの絵文字まで対象とする⑤，奈良時代以降，各時代の配慮表現の歴史的変遷までたどった⑦と，非常に幅広い。

これらの刊行によって様々な角度から配慮表現に対する関心が高まり，理論的な説明原理も構築されつつある。また，それによって日本語学界におい

---

[2] 福島（2002）ではポライトネスという言葉は用いていないが，相手を安心させようとする配慮を指摘しており，その説明原理は実質的にポライトネス理論であった。

て研究テーマとしての重要性が認識されてきている。

　その一方で，配慮表現とはどこまでを含むのか，定義が定まっていない点，また，その必然的帰結として，具体的に配慮表現に該当する語彙・表現群にはどのようなものがあるのかが明確でない点など，重要部分での課題も多く，今後の研究の進展が待たれるところである。

7.3　配慮表現における慣習化と定義

― タスク2 ―――――――――――――――――――――――――――
　7.1で挙げた「ちょっと」や「ぜんぜん」などの配慮表現としての意味・用法が，国語辞典に記載されているかどうか調べてみましょう。記載されている場合，どのような文脈で使用されるかが何らかの形で示されている可能性があります。その点にも留意して見てみましょう。
――――――――――――――――――――――――――――――――

7.3.1　慣習化と原義の喪失

　G. Leech（1983：24-30）では，慣習（convention）と動機づけ（motivation）の対比を説明している。文法の規則（rule）は基本的に慣習的である。つまり，形式と意味とをつなぐものが無意識の領域に潜在化し，なぜそのように言うかと問えば規則だからとしか答えようがなくなったものである。いっぽう語用論の原理（principle）は非慣習的である。それはある表現意図を相手に伝えるという話者の動機づけが意識上に顕在化していて，話者の意志でその表現を選択したと言えるものである。
　例えば，英語において(10)は依頼表現として慣習化してはいないが，ある文脈では相手に「時計を修繕する能力」の有無を尋ねることが話者の「誰かに時計の修繕を依頼したい」との動機づけを相手に理解させることになり，結果として依頼の効力を含意する。これは非慣習的な依頼である。いっぽう(11)"Can you ～ ?"という形式は英語において依頼表現として慣習化しており，それが本来意味する「能力を問う」ことの動機づけは潜在化して忘れられて

いる。

(10) Are you able to repair this watch?　＝非慣習的に動機づけられた《依頼》
(11) Can you repair this watch?　＝慣習化して動機づけを失った《依頼》

　完全な慣習と完全な動機づけとの間に中間的な段階があり，両者の割合は様々である。慣習化が進めば進むほど動機づけは薄まる，補完的な関係にある。このように慣習化の度合いに程度的な濃淡があることを Leech は慣習化の勾配性（the gradience of conventionalization）と呼んでいる。
　ここで非慣習的な "Are you able to 〜" と慣習化した "Can you 〜" の違いとして，原義の喪失の有無ということを指摘できる。つまり，"Are you able to 〜" では，「能力を問う」というこの表現の原義が生きていて，それが動機づけとしてそのまま作用しているのに対し，"Can you 〜" の方はその意味はほぼ失われていて，表現がそのまま依頼の意味に直結しているのである。

7.3.2　日本語配慮表現の事例①「ちょっと」

　慣習化の結果，原義が喪失される事例として，副詞「ちょっと」が挙げられる。「ちょっと」の本来の語義は低程度の程度副詞である。

(12) 今日はちょっと寒い。
(13) ズボンの丈がちょっと短い。

　相手の消極的フェイスを脅かす《非難》の発話状況で，相手との摩擦を緩和する配慮を動機づけとして，程度を抑制するために用いられる「ちょっと」にはポライトネスの機能が発生する。つまり，本来の低程度の意味を有したまま緩和というポライトネス機能に拡張するわけである。

(14) 君の書類，ちょっと雑だな。
(15) あなたの話，ちょっと長いね。

こうした用例の緩和機能だけが残って慣習化し，ある種の定型表現となった用法が(16)〜(18)である。これらの被修飾語には程度性はなく，「ちょっと」の原義であった低程度の意味は完全に喪失している。

(16) A：一億五千万円ほど融資していただきたいのです。《依頼》
    B：その金額はちょっと無理かと思いますが。《断り》
(17) 東京育ちの君にはちょっとわからないかもしれないけれど。《非難》
(18) 「すいません，ちょっと出てもらえますか」《非難》を含む《依頼》

以上の関係性を図式化して示すと次のようになる。

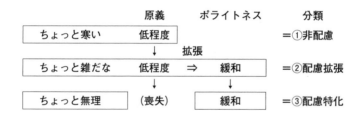

このように見ると，原義とポライトネス機能との関係性から用例を3種類に分類することができることがわかる。原義が完全に喪失した第三のカテゴリーはまさに配慮機能に特化した用法ということである。このカテゴリーが存在することが，副詞「ちょっと」が配慮表現として完全に慣習化していることの証明ということになろう。

7.3.3　日本語配慮表現の事例②「かもしれない」

慣習化の結果，原義が喪失する事例の二つ目は「かもしれない」である。「かもしれない」には大きく分けて「可能性判断用法」と「対人配慮用法」

の二用法があり，後者は前者がポライトネス機能を帯びて派生したものである。（山岡（2016）参照）

「かもしれない」の原義に当たるのは⒆，⒇の可能性判断用法である。

⒆　明日は雨が降る<u>かもしれない</u>。
⒇　あの男が犯人<u>かもしれない</u>。

「かもしれない」は断定回避の主観表現として多用される。《主張》をぼかして意見衝突のリスクを低減したり，《忠告》等のFTAを緩和したりする際のポライトネスとして使用される。㉑，㉒はその用例である。

㉑　ここのラーメン，すごくおいしい<u>かもしれない</u>。《主張》
㉒　ごめん。君のイヤホンの音，大きい<u>かもしれない</u>。《忠告》

⒆，⒇では命題内容の真偽が話者に責任の無い客観的事象であり，その生起可能性を主観的に述べる働きとなっている。これに対し，㉑，㉒では命題内容が話者に責任の有る主観的事象であり，それを婉曲的に述べる働きとなり，それがポライトネス機能に相当する。ここでは原義の可能性判断の意味が文字通りの意味ではなく緩和機能として活かされていると言える。

いっぽう㉓ではもはや緩和機能だけが残って慣習化し，可能性判断の意味は完全に喪失している。つまり，《忠告》というFTAを行うための緩衝材として，相手にとって好材料に相当する事項を一旦提示するという用法である。

㉓　君は試合には勝った<u>かもしれない</u>が，実力はまだまだだと思ったほうがいい。

以上から，「かもしれない」もまた，原義とポライトネス機能との関係性から3種類に分類することができる。ここでも配慮機能に特化した第三のカテゴリーが存在することにより，「かもしれない」もまた配慮表現として完

全に慣習化していると言える。

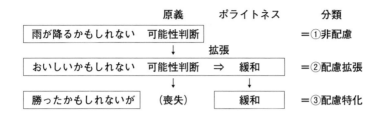

このように「かもしれない」もまた「ちょっと」と同様の三つのカテゴリーが認められるのである。

7.3.4 配慮表現の定義

以上の考察から日本語において配慮表現として範疇化できる語彙・表現をリストアップしていくための理論基盤として，慣習化（conventionalization）とそれに伴う原義の喪失という現象を見ていく価値があると考える。これをもとに配慮表現の定義を下記の通りとしたい。これは山岡他（2010：143）で行った配慮表現の定義に一部加筆したものである。

(24) 〔配慮表現の定義〕
対人的コミュニケーションにおいて，相手との対人関係をなるべく良好に保つことに配慮して用いられることが，一定程度以上に慣習化された言語表現

機能的言語現象であるポライトネスの使用は本来，文脈に依存した臨時的用法であるが，同様の文脈が頻出し，なおかつその文脈でポライトネス機能を帯びた語彙・表現の使用がパターン化し，一般の話者にとってあたかも当該語彙の新たな語義として追加されたかのように認識されるような場合に，当該語彙を「配慮表現」と認定するということである。そもそも文脈依存であるということは即ちそれが臨時的用法であることを意味するのだが，配慮

表現の場合，文脈と表現とが一体的に慣習化することによって，もはや臨時用法ではなくなってその用法が一般化されるということである。

7.3.5　メタファーとのアナロジーと辞書への登載

　語彙の意味変化として起きる慣習化の典型例にメタファー（隠喩，metaphor）がある。

　メタファーはある対象に言及する際，本来，その対象とは無関係な別の語を用いて臨時に表現するものである。その際，対象と表現との間に認められる共通属性によって，その臨時の意味が理解される。例えば，㉕「わが国の総理は日本丸という船の船長だ」において，総理は決して船長ではないが，船長が有するところの「船の針路を決める，乗組員の生命を預かっている」などの属性と結び付けられて臨時に有意味な解釈を付与される。臨時であるから辞書の「船長」の項に「総理大臣の別名」とは記載されていない。

　しかしながら，臨時に用いられたはずのメタファーが繰り返し用いられることによって慣習化し，その語の語義の一つと認識される現象がある。これを死喩（dead metaphor）という。例えば，㉖「お父さんは我が家の柱だね」は㉕と同様，もともとメタファーと解される，このように人物を「柱」に喩えることは㉕と違ってかなりの程度で慣習化している。その結果，本来メタファーであるはずの意味が辞書の語義に追加される。以下は，北原保雄編（2010）『明鏡国語辞典』からの引用である（p. 1399）。このうちの③が，メタファーが慣習化したものである（下線は筆者，以下同）。

　　　はしら【柱】①土台などの上に垂直に立てて，梁・屋根などを支える細
　　　長い材。「白木の―」②　①のように，縦に長い形状をしているもの。
　　　「火の―が立つ」「水―・茶―」<u>③中心となって全体を支える人や物。</u>
　　　<u>「一家の―となって働く」</u>④「貝柱」の略。〔以下省略〕

　同様の語彙は枚挙に暇がないが，同じく北原編（2010）から「舞台」（p. 1528）の例を挙げておきたい。②③はメタファーが慣習化して語義に追加さ

れたものである。

　　ぶたい【舞台】①演劇・音楽・舞踊などを演じるために設けられた場所。「—に立つ」「檜—」②腕前を発揮する場。「政治の—に立つ」「世界を—に活躍する」③物語などが進行する場。「ある田舎町を—とする小説」

　配慮表現にもこれと同様の現象が見られる。《非難》,《断り》,《反論》,《不満表出》など,相手の消極的フェイスを脅かすFTAに該当する発話において頻繁に「ちょっと」が使用され,しかもそれは「低程度,少量」という本来の語義を度外視して,FTA緩和の機能だけを果たす。
　このような「ちょっと」の用法が一定程度以上に慣習化されたことを象徴的に示すのは辞書の記述である。以下は,北原編（2010）からの引用である（p. 1123）。

　　ちょっと㊀〔副〕①数量や時間が少ないさま。また,程度がわずかなさま。「この品は—高い」「五時—過ぎに地震があった」②あることを軽い気持ちで行うさま。「—読んでみる」③〔逆説的に〕まあまあ。結構。「この靴—いいんじゃない？」④（否定的表現を伴って）簡単には。容易には。「—引き受けかねる」「—考えられない」㊁〔感〕軽く相手に呼びかける語。「—,君,待ってくれ」（用例一部省略）

　このうち,㊀①②は「ちょっと」の原義である低程度,少量に相当するが,㊀③以降に記載された語義については,㊀③は話者が下す評価が押し付けにならないように配慮したポライトネス,㊀④は《断り》や《反論》によるフェイス侵害を緩和するポライトネス,㊁については相手を呼び止めたり,話者に意識を向けさせたりすることのフェイス侵害に配慮したポライトネスと,いずれもポライトネス機能を帯びた用法を独立した語義として扱っている。
　この辞書は従来の辞書よりも記述的態度を重視して編集されており,語用

論的用法であっても慣習化されていると判断されれば語義に追加する方針を採っている。配慮表現としての「ちょっと」の多様な用法については，彭飛（2004）や牧原（2005）をはじめ，最新の研究成果を反映するまでには至っていないものの，慣習化の実態を把握するうえで興味深い。

同じことは文末表現「かもしれない」についても言える。こちらも同じく北原編（2010）からの引用である（p.359）

> かもしれない〔連語〕①疑問だが，可能性があることを表す。「明日地震が起こる―」②〈「…―が，…」などの形で〉その主張などをいったん（半分）は認めつつ，それでもなおと，異議申し立てをする意を表す。「仕事はできる―が，魅力のない人だ」「あなたにとっては些細なこと―けれど，私には大切な問題です」（用例一部省略）

このうち，①は「かもしれない」の原義である可能性判断用法であり，②は対人配慮用法のうちの「前置き配慮」に相当する。この二つの用法のうち，配慮表現に相当するのは②の方で，ここでは原義である可能性判断の意味はほとんど失われ，この辞書の用例のように《非難》や《主張》といった相手のフェイスを脅かす発話における緩衝材としての前置きを導入する機能を担う。㉗の前置きに至っては，過去に確定している事実であるがゆえに，全面的に認めている解釈しかあり得ない。

㉗ 君は試合には勝ったかもしれないが，実力はまだまだと思ったほうがいい。

メタファーが慣習化した死喩と，ポライトネスが慣習化した配慮表現との間には，全く異なるカテゴリーに発生した言語現象とは思えないほどのアナロジーが見て取れる。死喩も配慮表現ももともと原義とは無関係な独立した文脈依存的な臨時機能である点で共通している。喩えて言えば，ヤドカリのように当該語彙を勝手に借りてその機能をその語彙に託すわけである。その

第 7 章 日本語の配慮表現

時，もともとそこに住んでいた原義は，新参者との共存を余儀なくされるか，ひどい場合には追い出される。もとの語彙から見れば勝手にそうした臨時機能が乗り込んできたわけである。原義と死喩は赤の他人だが，目の色が同じだといったわずかな類似点だけを口実にして死喩が乗り込んでくる。

配慮表現も同様で，「ちょっと」や「かもしれない」はポライトネス機能が原義を追い出して乗っ取ってしまったのである。

7.4 配慮表現の原理

─タスク3─

ポライトネスの原理の一つに「他者の利益を最大限にせよ」とあるのに，日本語の配慮表現「つまらないものですが」において他者の利益を小さく言うのはどうしてなのか，考えてみましょう。

ポライトネスが言語行動の選択を巡る方略についての理論であるのに対し，配慮表現は固定的な文脈で言語行動が制約された場合における表現の選択に関わる理論である。ここで，(28)と(29)の二つの言語行為を比較してみよう。

(28) このじゃがいもの皮をむいてください。
(29) もうひとつサンドイッチをお召し上がりください。

リーチのポライトネスの原理のうち，気配りの原則である「他者の負担を最小限にせよ」「他者の利益を最大限にせよ」に照らして，相手に負担が少なく，利益の多い(29)が選択されることになる。この原理を示したのがポライトネス理論である。

しかし，もしもどうしてもじゃがいもの皮むきを頼まなければならないというように言語行動が制約されているとしたならば，同じ内容の《依頼》であっても，話者は相手にかける負担に配慮した表現をなるべく用いようとする。(30)～(33)は(28)と同じ内容の《依頼》だが，この順番に配慮の度合いが高く

なっている（下線は本書の著者）。

(28) このじゃがいもの皮をむいてください。
(30) このじゃがいもの皮をむいてほしいのですが。
(31) このじゃがいもの皮をむいていただけませんか。
(32) ご面倒で恐縮ですが，このじゃがいもの皮をむいていただけないでしょうか。
(33) 誠に失礼ですが，もしお時間が許せば，このじゃがいもの皮をむいていただけると大変有り難いのですが。

(33)のように表現したからと言って相手の物理的な負担そのものは減らないが，配慮が相手に伝わることによって相手の心理的な負担感が相対的に緩和される。このようにして選択された表現が配慮表現である。これはポライトネス理論を構成する一部ではあるが，豊富な題材を有するテーマであり，また，個別言語による表現法に差異が見られる部門でもある。

上述のような意味においてポライトネス理論と配慮表現との間に明確な区別があることを論じている論考がある。川村（1991）では，日本語の文化においては，利益を受けることを精神的負担と受け止める傾向があり，そのため，相手に利益を与えながらも相手の心の負担を軽くしようとする配慮が働くとしている。食事に招待したときに「何もありませんが」と言うのはその典型例である。また，姫野（2003）では，実際に相手に利益を与え，自分が負担を負ったとしても，それをそのまま表現すると相手に心理的負担を負わせてしまうので，言語表現では実際と反対に相手の利益や自分の負担は小さいと述べ，逆に相手の負担や自分の利益は大きいと述べることが相手の心理的負担を軽減すると述べている。

これらの考えを整理すると，ポライトネスの原理のうち，負担と利益にかかわる気配りの原則と寛大性の原則には，反比例的な原理である「配慮表現の原理」が存在することがわかる。

リーチの例文を借りて述べると，(28)はポライトネスの原理（A①-a）「他者の負担を最小限にせよ」の原則に反する《依頼》である。しかし，同じ

第7章 日本語の配慮表現

〔表2〕 負担と利益に関わる配慮表現の原理

	①ポライトネスの原理	②配慮表現の原理
(A) 気配りの原則	(a)他者の負担を最小限にせよ (b)他者の利益を最大限にせよ	(a)他者の負担が大きいと述べよ (b)他者の利益が小さいと述べよ
(B) 寛大性の原則	(a)自己の利益を最小限にせよ (b)自己の負担を最大限にせよ	(a)自己の利益が大きいと述べよ (b)自己の負担が小さいと述べよ

《依頼》でも，(32)においては，「ご面倒で恐縮ですが」の部分で相手の負担を強調している。これは配慮表現の原理（A②-a）「他者の負担が大きいと述べよ」の原則に沿うものである。また，「大変ありがたい」の部分では自己の利益を強調している。これは配慮表現の原理（B②-a）「自己の利益が大きいと述べよ」の原則に沿うものである。これに対して行為者が「お安いご用だよ」と応じたとする。これは配慮表現の原理（B②-b）「自己の負担が小さいと述べよ」の原則に沿うものである。

すると，日本語で「つまらないものですが」と言って贈り物を手渡すのは，配慮表現の原理（A②-b）「他者の利益が小さいと述べよ」に沿うものであるし，相手が多忙かどうかわからなくても定型句のように「お忙しいところ，わざわざありがとうございます」と言うのは，配慮表現の原理（A②-a）「他者の負担が大きいと述べよ」に沿っている。

(C)是認の原則以下の4原則については，それ自体が言語表現に関わる原則であるので，別の配慮表現の原理を立てる必要はない。しかし，言語表現において異なる二つの目的を同時に達成しようとするときは，各原則の意図を配慮表現が専ら担うことになる。例えば，どうしても相手の問題点を指摘する必要に迫られた場合，「君の文章はちょっと荒いな」との《非難》はFTAであるが，この中で配慮表現「ちょっと」のみが是認の原則（C-a）「他者への非難を最小限にせよ」に基づく緩和表現の役割を担う。これは，相手の非を指摘したいという発話そのものの目的と，人間関係維持のためのポライトネスの目的との共存を意味する。何かの事情で「わたし，英語はそこそこできます」と自己の能力に言及する必要に迫られた場合，配慮表現「そこそこ」が謙遜の原則（D-a）「自己への賞賛を最小限にせよ」の役割を担い，

自慢の程度を抑制する働きをする。他の2原則についても同様である。
　なお，姫野（2004），姫野（2016）では，上述の負担・利益に関する原理のほかに，「話し手の決定権・意志をなるべく表出しないこと」「聞き手の縄張りに踏み込まないこと」「自分を聞き手と対等な関係と位置付けないこと」なども配慮表現の原理として挙げている。

7.5　配慮表現の分類

---タスク4---
　日本語の配慮表現と言えるものを思いつくだけ列挙してみましょう。それらの形式的な特徴や機能的な特徴をもとに，グループを作って分類してみましょう。

7.5.1　形式分類

　配慮表現の分類には形式分類と機能分類の二種がある。外形的特徴からの分類しやすさにおいては「形式分類」が役立つが，配慮機能こそが配慮表現の認定根拠でもあるので，最終的な配慮機能を探究するうえでは「機能分類」が重要となる。両者が効率的に活用されることが望ましい。以下は山岡（2018）に基づく分類である。
　形式分類の区分カテゴリーは，現在のところ「副詞，副詞句，形容詞・形容詞句，接尾語・補助動詞，文末表現，慣用文」の6種としている。以下に各分類の代表的な語句例を示す。

① **副詞**　ちょっと，ぜひ，ただ，まったく，たしかに，そこそこ，ぜんぜん，なるほど，そろそろ，なんか，まさに，本当に，やっぱり
② **副詞句**　おかげさまで，悪いけど，すみませんが，恐縮ですが，失礼ですが，よろしかったら，ご多忙のところ，つまらないものですが，僭越ながら，どちらかというと，自慢じゃないが

③ **形容詞・形容詞句**　大丈夫，さすがですね，お見事，大変ですね，よかったですね，光栄です，やばい，すごい

④ **接尾語・補助動詞**　のほう，的な，的には，とか，なんか，〜っぽい，〜てくれる，だけあって，〜たり

⑤ **文末表現**　〜でしょう，〜かもしれない，〜と言えなくもない，〜のように思う，〜の気がする，〜ので（言いさし），〜ていただけるとありがたい，〜てくれてもいいのに，〜させていただきます

⑥ **慣用文**　ご笑納ください，ご高名は伺っております，おつかれさまです，うれしい悲鳴です，高い所から失礼します

　副詞句は慣習化による固着性の表れ方が単独の副詞と異なることから別区分とした。単独の副詞においては意味上の慣習化しか発生しないが，副詞句の場合は成句形式の固着化という形式上の慣習化も同時に発生する。例えば，配慮表現「つまらないものですが」に他の配慮表現を挿入して，「つまらないものかもしれませんが」や「つまらないものだと思いますが」のようにすると却って座りが悪くなる。つまり，この表現はまさに「つまらないものですが」という形式に固着化していて，バリエーションの自由度は少ない。「つまらんものだけど」のような文体上のバリエーションが存するのみである。このような形式上の固着性が副詞句に区分される配慮表現に共通する特徴である。

　なお，「すみませんが」，「よろしければ」など，発話の本題に入る前の導入的な補助句を「前置き表現」とする形式区分もあるが，前置き表現は品詞上は発話全体に係る文副詞句である。ここでは，「どちらかというと」のようなモダリティ副詞句，「ご多忙のところ」のような情態副詞句など，他種の副詞句と一括して，副詞句に含めている。

　形容詞についても，副詞句と同様に形式的に固着化した形容詞句が存在しているが，「お見事」のように接頭語「お」を添えるだけのもの，「大変ですね」，「よかったですね」のように対人的なモダリティ形式を添えるだけのものなど，固着化の形式が小規模なものが多いため，「形容詞・形容詞句」で一括している。

接尾語・補助動詞には，動詞に下接して受益性を表示する授受補助動詞「〜てくれる」「〜てもらう」，「〜ぽい」のようにもともと名詞に接続する接尾語であったものが緩和表現として助動詞化したものも含んでいる。

慣用文は，文の構成要素というよりも独立した一つの文全体が慣習化しているものであり，語や句のレベルには収まらないタイプの配慮表現を含むものである。

また，形式分類には便宜上の理由により必要に応じて下位分類を設けた。特に文末表現には多様な語句類が混在しており，「〜かもしれない，〜でしょう，〜ようだ」などの助動詞，「〜たいと思う，〜ように思う」など「思う」を使用する思考動詞，「〜と言えなくもない，〜気がしないでもない」などの二重否定，「〜ので，〜けど，〜たら」などの言いさし，といった下位区分がある。

以上は現時点における形式分類であるが，今後も研究の進展とともに変更が十分にあり得る。

7.5.2　機能分類

機能分類は，「緩和表現」「ぼかし表現」など，独立した用語として従前に用いられていたカテゴリーも配慮表現の下位区分として活かしたいとの考えから「○○表現」という呼称を一貫して用いる。

最新の分類案では，下位区分を「利益表現，負担表現，緩和表現，賞賛表現，謙遜表現，賛同表現，共感表現」の7種としている。以下に区分ごとに類の代表的な語句例を示す。各区分内に小区分のあるものは①②と分けて示す。

Ⅰ　利益表現／①自利大　おかげさまで，ぜひ，〜れば幸いです，〜させていただきます，お言葉に甘えて
　　　　　　／②他利小　つまらないものですが，何もありませんが，ご笑納ください
Ⅱ　負担表現／①他負大　お忙しいところ，わざわざ，お足元の悪いとこ

ろ，お手数ですが，ご面倒ですが，可能なら，よろしかったら，恐縮ですが，失礼ですが

　　　　／②自負小　ぜんぜん，大丈夫，喜んで，ついでに，お安い御用

Ⅲ　緩和表現／①侵害抑制　かもしれない，どちらかと言えば，〜と言えなくもない，〜ないでもない，〜のように思う，〜気がする，毛頭，やまやま，そのうえで，ただ

　　　　／②不一致回避　かもしれない，のほう，的には，とか

Ⅳ　賞賛表現　さすが，すごい，なかなか，お見事，恰幅がいい，健康的，恐れ多くも，いい意味で

Ⅴ　謙遜表現／①自賛抑制　まだまだ，そこそこ，一応，自慢じゃないけど，手前味噌ですが

　　　　／②自己非難　僭越ながら，若輩者，不束者，出来の悪い，高い所から失礼します，不徳の致すところ

〔表3〕　ポライトネスの原理と配慮表現の機能分類との相関関係

ポライトネス／配慮表現の原理	機能分類	配慮表現の語句例
(a)他者の負担が大きいと述べよ（P）	負担表現／他負大	ご多忙のところ
(b)他者の利益が小さいと述べよ（N）	利益表現／他利小	つまらないものですが
(c)自己の利益が大きいと述べよ（P）	利益表現／自利大	おかげさまで
(d)自己の負担が小さいと述べよ（N）	負担表現／自負小	ぜんぜん
(e)他者への非難を最小限にせよ（N）	緩和表現／侵害抑制	ちょっと
(f)他者への賞賛を最大限にせよ（P）	賞賛表現	さすが
(g)自己への賞賛を最小限にせよ（N）	謙遜表現／自賛抑制	まだまだ
(h)自己への非難を最大限にせよ（P）	謙遜表現／自己非難	僭越ながら
(i)自他の意見相違を最小限にせよ（N）	緩和表現／不一致回避	どちらかと言えば
(j)自他の意見一致を最大限にせよ（P）	賛同表現	たしかに
(k)自他の反感を最小限にせよ（N）	緩和表現／不一致回避	かもしれない
(l)自他の共感を最大限にせよ（P）	共感表現	おつかれさま

| Ⅵ | 賛同表現 | なるほど，たしかに，まったく，もの，ごもっとも |
| Ⅶ | 共感表現 | 大変ですね，よかったですね，本当に，やっぱり，おつかれさま，それな，ですよねー |

　以上の7分類はすべてLeech（1983）のポライトネスの原理，および気配りの原則と寛大性の原則に関しては7．4の配慮表現の原理を反映したものとなっている。その対応関係は〔表3〕の通りである。
　リーチのポライトネスの原理は，対人関係上の行為として相手にとって望ましいもの（利益，賞賛，一致）を最大化し，相手にとって望ましくないもの（負担，非難，不一致）を最小化しようとする原理を6種の原則で表現したものである。それらの自己自身への行為としては，相手にどう映るかという観点から，相手に対するものとは逆向きベクトルの志向性を有する。例えば，他者への非難は望ましくないので避けたいが，自己への非難を相手の前で行うと，相対的に相手を高める行為と映るので相手にとって望ましいものとなる。これらの原則群のうち最大化を図る行為はB＆Lのポジティブポライトネス(P)に当たり，最小化を図る行為は同じくネガティブポライトネス(N)に当たる。

7．6　配慮表現の語彙の記述例

　ここでは配慮表現の7．1に掲げた語彙を中心に，基本の5項目（枠内）に用例収集・考察を経た5項目を加えた合計10項目に記述したものを例示する[3]。

---

[3]　科学研究費研究助成基盤研究(C)研究課題「発話機能を中軸とする日本語配慮表現データベースの構築」（研究代表者：山岡政紀，研究分担者：牧原功，小野正樹他，研究期間：平成25～28年度）の研究成果のデータベースから抜粋する。用例番号は通し番号でなく項ごとに付する。

第7章　日本語の配慮表現

〔1〕ぜんぜん

配慮表現	ぜんぜん【全然】
形式分類	副詞
機能分類	負担表現
原義	（下に否定的な表現を伴って）全面的な否定を表す
配慮機能	相手が自分に対して負っている心理的負担を打ち消そうとする配慮

用例　(1)　会場を満員にした50人ほどの出席者のうち，一人がおずおずと口を開いた。「あのう，写真撮っていいですか」
　　　　　杉村太蔵衆院議員が，目を丸くして人なつこい笑顔で答える。
　　　　　「もちろんもちろん。全然いいですよ。写真，撮ってください」
　　　　　みんなが安心したように笑い，携帯電話を太蔵クンに向ける。会場の緊張が一気に解けた。(『週刊アエラ』2005年11月21日)
　　　(2)　(食事中に明太子を渡そうとしている)
　　　　　F021：あっ，ぼろぼろになっちゃった。ごめーん。
　　　　　F067：うん，全然平気。(名大会話コーパス)
　　　(3)　A：もし時間があったらでいいんだけど，うちのライブに来ない？
　　　　　B：あ，わたし，ぜんぜん行けますよ。

文脈・発話機能　(1)　相手の《許可要求》に対する《許可》
　　　　　　　　(2)　相手の《謝罪》に対する《承認》
　　　　　　　　(3)　相手の《勧誘》に対する《参加》

考察　現代日本語において副詞「全然」は否定表現と呼応するとされているが，「全然違う」や「全然だめ」のように被修飾語が語彙的意味の中に否定を含む場合は肯定形でも共起できた。近年，若者言葉のように言われている「全然＋肯定形」の場合は，「まずそうだなと思ってたけど食べてみたら全然おいしいよ」のように文脈上の想定を否定する用法と

171

して用いられている。

　さらに，対人コミュニケーションにおいて使用される場合，相手が自分に対して負っている心理的負担を打ち消そうとして用いることが多い。上の用例では，相手側の《許可要求》，《謝罪》,《勧誘》を受け入れる意思の表明に「全然＋肯定形」が用いられている。これらは話者側の《許可》，《承認》，《参加》の負担が小さいことを示して相手の心理的負担を解消するために「ぜんぜん」を用いている。これは配慮表現の原理(d)「自己の負担が小さいと述べよ」に沿うものであり，負担表現として機能していると考える。現時点において若者言葉と見られていても，配慮機能が強く表れる表現の用法は次第に定着していく傾向にあるので，この種の「全然＋肯定形」もいずれ定着し，正用として認知されるようになると予想される。

外国語への対訳　〔英〕not at all　〔中〕完全　〔韓〕전혀
参考文献　尾谷昌則（2008），斉藤幸一（2012）

〔2〕たしかに

配慮表現	たしかに【確かに】
形式分類	副詞
機能分類	賛同表現
原義	明白で，間違いのないさま。確実であるさま
配慮機能	相手の《主張》を肯定的に受け入れる《賛同》の意図を表す

用例　(1)「我が社も方針転換すべきです」「たしかに君の言うとおりだ」
　　　(2) 合田の理論によれば，つまり（中略）印象度が半減相殺しあうはずではないかということであった。「たしかにそうかもしれないがスターにはファンがいるんじゃないかな？」（巨人と玩具）
　　　(3) 確かに山田さんの意見は傾聴に値する部分も少なくないと思います。しかし，私はもう少し異なった見方をしています。

(4) それでは男の風上にもおけない，夫の権威はまるつぶれではないか。そのことについて，抄子は一言，「一人では不便だからでしょう」といったことがある。<u>たしかに</u>不便かもしれないが，それくらいのことで簡単に妻に頭を下げるものなのか。これでは妻への全面降伏ではないか。（うたかた）

文脈・発話機能　他者の《主張》に対する《賛同》に用いる。また，当該発話の《賛同》に続いて後続文脈で《反論》を展開することも多い。その場合，話者の目的は《反論》であって《賛同》の発話は緩和のための前触れにすぎない。

考察　副詞「たしかに」の原義は明らかで間違いのないさまを表すものであるが，(1)のような《賛同》を表す場面で使用されると，(j)一致の原則「自己と他者との意見一致を最大限にせよ」の機能を果たし，相手に対する賛同や共感を強調する働きをする。その際，「なんか雨降りそうな天気じゃない？」「たしかに」のように相手の不確実な陳述に対しては，「たしかに」を用いた《賛同》もまた不確実なままであることから，原義の「確実であるさま」は喪失していると言える。

　　また，(2)(3)では，《反論》を表明するにあたり，その前置きとしての部分的な賛同を示す部分で用いられている。このように，聴者のポジティブフェイスに配慮することによって，《反論》によって生じるＦＴＡを緩和させるためのストラテジーとして使用される。(2)(4)のように「かもしれない」とセットで用いて《反論》を誘導することも少なくない。

外国語への対訳　〔英〕surely〔中〕的確〔韓〕분명히

参考文献　原田幸一（2010），刀祢睦月（2013）

〔3〕いちおう

配慮表現	いちおう【一応】
形式分類	副詞

173

> 機能分類　緩和表現・謙遜表現
> 原義　　十分ではないが，ひととおり。大略。
> 配慮機能　《依頼》などの要求系の発話を行う際に，要求の度合いがあまり高くないと相手に感じさせる配慮（緩和表現）／自賛を含んだ発話を行う際に，謙遜の原則に従ってそれを自賛であると取られないようにする配慮（謙遜表現）

用例　(1)　だけどまあ一応，私の願いということで，お聞きいただきたいと考える次第であります。
　　　(2)　面接の時にはくわしい説明が無かったんですが，お恥ずかしい話ですが税理士事務所事態（原文ママ）具体的な仕事内容を把握していません。一応簿記2級持っていたので採用されました。(Yahoo! 知恵袋)

文脈・発話機能　(1)《依頼》, (2)《質問》

考察　　自身の《依頼》が相手のフェイスを侵害する恐れがある場合，(1)のように「一応」によって要求度を緩和することがネガティブポライトネスの役割を担うヘッジとなる。禁止事項を伝える際に「一応，規則ですから」のように言うのも同様である。規則が不十分であるわけではないので，原義は喪失している。この場合，(e)是認の原則「他者への非難を最小限にせよ」の機能を果たす緩和表現となっている。
　　　　自賛を行うのは，発話の目的上，話者自身の肯定的な能力，資格，経験等について言及せざるを得ないような場合である。例えば，(2)は《質問》を行う上で自身の資格や経験に言及せざるを得ないケースで，「一応」を用いて抑制的に言及しているが，資格自体が不十分なものであるはずはなく，ここでも原義は喪失し，自賛抑制に特化した表現となっている。こちらは(g)謙遜の原則「自己への賞賛を最小限にせよ」の機能を果たす謙遜表現となっている。

対訳　〔英〕just, tentatively, for the present 〔中〕也算，還是，基本，大致 〔韓〕일단

参考文献　幸田佳子（2002），李夏菁（2018）

〔4〕ぜひ

配慮表現　ぜひ【是非】
形式分類　副詞
機能分類　利益表現
原義　あることの実行・実現を強く望む気持ちを表す
配慮機能　相手の要求を受諾することが自分にとって負担ではなく，むしろ利益であるとして，相手の心理的負担を軽減しようとする配慮

用例

(1) 　A「来週のテニスの親善大会に，私も参加させていただいてよろしいでしょうか。」
　　　B「ええ，（○ぜひ／△φ）参加してください。」

(2) 　A「来週，テニスの親善大会があるんですが，Bさんもいかがですか。」
　　　B「いいですね。（○ぜひ／△φ）参加させてください。」

文脈・発話機能　(1) 相手の《許可要求》に対する《許可》
　　　　　　　　　(2) 相手の《勧誘》に対する《参加》

考察　それぞれ，相手の《許可要求》，《勧誘》に対する受諾の意思表明とされているが，典型的には，(1)B'「ええ，参加してもいいですよ」のようになるはずである。ここで，「ぜひ〜ください」を用いて受諾の意思を伝えることは，表面上は《依頼》の形を取っていることになる。《依頼》の語用論的条件によって，Aによる当該行為（テニス大会参加）がBにとって利益であることが含意されることになる。つまり，「Aが参加してくれたらBにとっても嬉しい」と言っていることになる。結果としてAの《許可要求》が歓迎されていることを意味し，配慮表現となる。

ポライトネスの観点から言えば,《許可要求》の話者Aは相手Bのネガティブフェイスを脅かしている。そこで,《許可》の話者となったBは相手Aにポジティブポライトネスとして《依頼》の形式を用いることで自分（B）側に利益があることを示し，Aが行ったＦＴＡのリスクを相殺しようとしていると解釈できる。ここで用いられる「ぜひ」は(c)利益表現「自己の利益が大きいと述べよ」の機能を果たしていると言える。
　また，AはBを《許可》の権限を有する者として接しているが，Bはその前提を否定しているともとれる。ＦＴＡ度計算式の変数Ｐに当たる相手Ｂの力を軽減することで，AにとってBのフェイスを脅かす度合を軽くし，Aを安心させる効果がある。
　(2)では先にAがBに《勧誘》を行うところから始まるが, (1)と全く同様の理論づけが可能である。

外国語への対訳　〔英〕by all means〔中〕无论如何〔韓〕꼭
参考文献　福島泰正（2002）

〔5〕～ないと言ったら嘘になる

配慮表現	～ないと言ったら嘘になる
形式分類	文末表現／二重否定
機能分類	緩和表現
原義	否定することは嘘になるので肯定する
配慮機能	言いにくい否定的感情を抑制的に表出する

用例　(1)　A：これからの生活に不安はないですか？
　　　　　　　B：(震災からの新しい出発は) 不安が<u>ないというと嘘になる</u>が，実生活があるのでなんとか乗り越えて行きたいです。(「NHKニュース」仮設でクラス男性の発言2012年11月30日）
　　　　(2)　(1045勝の歴代記録塗り替え目前に)
　　　　　　　記者「やはり，歴代記録は気になりますか？」

第7章　日本語の配慮表現

魁皇「これだけ騒がれたら，気にならないと言ったら嘘になる。でも自分の相撲を取るだけです。」(ニュースキャスター2011年7月9日放送)

文脈・発話機能　《感情表出》

考察　ストレートに《感情表出》を行うことが何らかの意味で社会規範に外れるというような文脈において，自身の感情を抑制的に表出して社会規範への意識を見せることで自身のポジティブフェイスを守ろうとしている。(1)では不安があると率直に吐露することが支援者に負担をかけるとの自覚，(2)では記録を意識して相撲を取ることが力士の規範に反するとの意識から，それぞれ抑制的に心情を吐露している。

「～ないと言ったら嘘になる」全体が命題に下接するモダリティとして機能しており，しかも命題の極性を維持していることから，否定辞は一つしか含まれていないが，実質的に二重否定と同様の効果を持つと考えられる。「～なくもない」「～気がしないでもない」など，緩和表現として機能する二重否定は少なくないが，それぞれの表現が独自のモダリティ意味を備えており，研究を要する領域である。

外国語への対訳　〔英〕I'd be lying if I said no〔中〕如果说没有(不)，～那就是撒谎〔韓〕없다고 하면 거짓말이 될

参考文献　大堀裕美 (2017)

練習問題

「たしかに僕の言い方にも問題があったかもしれない。ただ，君のせいにするつもりなんか毛頭ないんだ」という発話に含まれている配慮表現をすべて説明しなさい。

[ヒント]

7.5の語彙群に記載されているものが4つありますので，探してみましょう。見つけたら，それぞれの表現がどのような配慮機能を担っているか，さらに考えてみてください。

あとがき

　2003年3月，北京大学と創価大学の共催で開催された「配慮表現シンポジウム」に筑波大学大学院の同窓生である山岡・牧原・小野が集い，配慮表現をめぐって議論に花が咲いた。3名はもともと院生時代からの旧知ではあったが，それぞれに文脈や対人言語行動に関心を持ち，研究を進めていたこともあって，この時を契機に語用論の共同研究プロジェクトをやろうと意気投合し，その後も今日まで議論を重ねながら，海外のシンポジウムで，たびたび共同で発表を行ってきた。そして，3人の共同作業の中で，語用論の新しい教科書の必要性が話題となり，旧版『コミュニケーションと配慮表現』(2010) の作成に至った経緯は序章にも記した通りである。

　その後，今日まで，3名それぞれが研究代表者として採択を受けた6件の科学研究費補助金では相互に研究分担者となって互いの研究を支え合ってきた。やがてそれぞれの研究テーマも配慮表現のみに留まらず「言い換え」や「繰り返し表現」など多岐にわたるようになったが，テーマが拡がれば拡がるほど，語用論という共通基盤のうえで議論することの楽しみもいっそう深まったように思う。研究の進展と共にこの3名で改めて本書『新版 日本語語用論入門』を編み直そうとの構想が湧き起こったのも自然な流れであったし，その結果，学生のニーズにより合致した理想的な教科書が出来たと自負している。本書を用いて研鑽する若い学徒の皆さんに負けないよう我々著者も研鑽を深めていくことを期している。

　旧版および本書の執筆にあたり，砂川有里子筑波大学名誉教授，金水敏大阪大学教授，野田尚史国立国語研究所教授，宇佐美まゆみ国立国語研究所教授，渡辺文生山形大学教授，張威中国人民大学教授，李奇楠北京大学副教授，金玉任誠信女子大学教授をはじめとする国内外の諸先生方より，貴重なご教示を賜った。謹んで感謝を申し上げます。

　　　　　　　　　　　　　　　　　　　　　　2018年7月10日　著者

参考文献

生田少子（1997）「ポライトネスの理論」『言語』特集①，66-71
井出祥子（2001）「国際社会の中の敬意表現――その国際性と文化独自性」『日本語学』特集①，4-13
井出祥子（2006）『わきまえの語用論』大修館書店
宇佐美まゆみ（1995）「談話レベルから見た敬語使用――スピーチレベルシフト生起の条件と機能」『学苑』第662号，昭和女子大学近代文化研究所，27-42
宇佐美まゆみ（1998）「ポライトネス理論の展開――ディスコース・ポライトネスという捉え方」『日本研究教育年報（1997年度版）』東京外国語大学
宇佐美まゆみ（2001）「ポライトネス理論から見た〈敬意表現〉」『言語』特集②，18-25
宇佐美まゆみ（2002）「（連載）ポライトネス理論の展開①～⑫」『言語』Vol.31 No.1-5，7-13
宇佐美まゆみ（2003）「異文化接触とポライトネス―ディスコース・ポライトネス理論の観点から―」『国語学』第54巻第3号，117-132
宇佐美まゆみ・阪本俊生・滝浦真人・橋元良明（2001）「ポライトネス理解のためのキーワード集」『言語』特集②，68-72
内田聖二（2011）『語用論の射程　語から談話・テクストへ』研究社
大堀裕美（2017）「二重否定モダリティ「～ないといったら嘘になる」の意味・機能」『日本語コミュニケーション研究論集』第6号，89-97
奥津敬一郎（1978）『『ボクハウナギダ』の文法―ダとノ―』くろしお出版
尾谷昌則（2008）「アマルガム構文としての『「全然」＋肯定』に関する語用論的分析」『言葉と認知のメカニズム―山梨正明教授還暦記念論文集』，ひつじ書房，103-115
小野正樹（2005）『日本語態度動詞文の情報構造』ひつじ書房
小野正樹・山岡政紀・牧原功（2009）「『かもしれない』の談話機能について」『漢日理論言語学研究』沈力・趙華敏編，学苑出版社，26-37
小野正樹・李奇楠編（2016）『言語の主観性　認知とポライトネスの接点』くろしお出版
加藤重広（2004）『日本語語用論のしくみ』研究社
加藤重広編（2015）『日本語語用論フォーラム１』ひつじ書房
加藤重広（2017）「文脈の科学としての語用論―演繹的文脈と線状性―」『語用論研究』日本語用論学会，78-101
加藤重広・滝浦真人編（2016）『語用論研究法ガイドブック』ひつじ書房
蒲谷宏・川口義一・坂本恵（1998）『敬語表現』大修館書店

川村よし子（1991）「日本人の言語行動の特性」『日本語学』第10巻第5号，明治書院，51-60
菊地康人（2001）「いわゆるポライトネスと敬語，およびその教育」『日本語教育学会2001年春季大会予稿集』
北尾謙治／北尾S・キャスリーン（1988）「ポライトネス――人間関係を維持するコミュニケーション手段――」『日本語学』第7巻第3号，明治書院，52-63
北原保雄編（2010）『明鏡国語辞典　第二版』大修館書店
金田一春彦（1950）「国語動詞の一分類」（金田一編（1976）所収 5-26）
金田一春彦編（1976）『日本語動詞のアスペクト』むぎ書房
草薙裕（2006）『敬語ネイティブになろう!!』くろしお出版
熊谷智子（1997）「はたらきかけのやりとりとしての会話――特徴の束という形でみた「発話機能」」茂呂雄二編『対話と知』新曜社，21-46
『言語』（1997）特集「ポライトネスの言語学――敬語行動の今を探る」『言語』Vol.26 No.6，大修館書店（=『言語』特集①）
『言語』（2001）　特集「〈敬意〉はどこから来るか――ポライトネスと〈敬意表現〉」『言語』Vol.30 No.12　大修館書店（=『言語』特集②）
小池清治他編（2002）『日本語表現文型事典』朝倉書店
小泉保（1990）『言外の言語学　日本語語用論』三省堂
小泉保（2001）『入門語用論研究―理論と応用―』研究社
幸田佳子（2002）「副詞「一応」について」『語学教育研究論叢』第19号，大東文化大学，171-185
国立国語研究所編（1960）『話しことばの文型（１）―対話資料による研究―』国立国語研究所報告18　秀英出版
国立国語研究所編（1987a）『談話行動の諸相』国立国語研究所報告92　三省堂
国立国語研究所編（1987b）『日本語教育映画基礎編　総合文型表』日本シネセル株式会社
国立国語研究所（1994）「『発話機能一覧表』について」『日本語教育映像教材中級編関連教材　伝えあうことば4　機能一覧表』大蔵省印刷局，1-15
国立国語研究所（2001）『談話のポライトネス』（第7回国際シンポジウム第4専門部会）凡人社
国立国語研究所（2006）『言語行動における「配慮」の諸相』くろしお出版
斉藤幸一（2012）「談話における副詞「全然」の機能について―「全然＋肯定形」の文脈的否定における配慮」創価大学大学院文学研究科人文学専攻修士論文

参考文献

坂本恵（2001）「『敬語』と『敬意表現』」『日本語学』特集①，14-21
白川博之（2009）『「言いさし文」の研究』くろしお出版
新屋映子・姫野伴子・守屋三千代・陳淑梅（2003〜2004）「（連載）配慮表現からみた日本語①〜⑫」『日本語』第16巻第4〜12号，第17巻第1〜3号，アルク
鈴木孝夫（1973）『ことばと文化』岩波新書
滝浦真人（2001）「〈敬意〉の綻び——敬語論とポライトネスと『敬意表現』」『言語』特集②，26-33
滝浦真人（2008）『ポライトネス入門』研究社
寺村秀夫（1985）「文法と日本語教育」『応用言語学講座1 日本語教育』明治書院，228-249
刀祢睦月（2013）「副詞「たしかに」と終助詞」『叙説』40号，奈良女子大学日本アジア言語文化学会，339-332
中右実（1979）「モダリティと命題」『英語と日本語と』くろしお出版，223-250
中右実（1994）『認知意味論の原理』大修館書店
永野賢（1957）「場面とことば」『講座・現代国語学Ⅰ』筑摩書房，123-147
鍋島弘治朗（2011）『日本語のメタファー』くろしお出版
仁田義雄（1989）「現代日本語文のモダリティの体系と構造」『日本語のモダリティ』くろしお出版，1-56
『日本語学』（2001）特集「『敬意表現』を考える」『日本語学』第20巻第4号，明治書院（以下，『日本語学』特集①）
日本語記述文法研究会（2003）『現代日本語文法4　第8部モダリティ』くろしお出版
日本語教育学会（1991）『日本語教育機関におけるコース・デザイン』凡人社
野田尚史・高山善行・小林隆編（2014）『日本語の配慮表現の多様性』くろしお出版
芳賀綏（1954）「"陳述"とは何もの？」『国語国文』第23巻第4号　京都大学国文学会（服部四郎他編（1978）『日本の言語学第3巻文法Ⅰ』大修館書店，284-303所収）
橋元良明（2001）「配慮と効率——ポライトネス理論とグライスの接点」『言語』特集②，44-51
橋本佳美（2000）「終助詞『もの』のポジティブ・ポライトネス」『平成12年度　社会言語科学会第6回研究発表大会論文集』
原田幸一（2010）「現代東京の話しことばにおける言語形式「たしかに」ー大学生による日常会話をデータとしてー」『社会言語科学』第13巻第1号，136-150
東森勲・吉村あき子（2003）『関連性理論の新展開　認知とコミュニケーション』，研

　　　　　究社
姫野伴子（1992）「負担と利益」『埼玉大学紀要人文科学編』第41巻，埼玉大学教養
　　　　　部，47-56
姫野伴子（1997）「行為指示型発話行為の機能と形式」『埼玉大学紀要』第33巻第1
　　　　　号，埼玉大学教養部，169-178
姫野伴子（2002）「配慮表現の原理」『厦門大学翻訳与文化国際学術検討会会議資料彙
　　　　　編』厦門大学，105-124
姫野伴子（2003）「利益って負担！（連載）配慮表現からみた日本語①」『日本語』第
　　　　　16巻第4号，アルク，66-69
姫野伴子（2004）「日本語教育と配慮表現（連載）配慮表現からみた日本語⑫」『日本
　　　　　語』第17巻第3号，アルク，76-79
姫野伴子（2005）「配慮表現の枠組み」『留学生教育』7号，埼玉大学留学生セン
　　　　　ター，1-21
姫野伴子（2016）「配慮表現の指導」『日本語教育の研究（日本学研究叢書第9巻）』，
　　　　　外語教学与研究出版社，222-245
平田真美（2001）「『カモシレナイ』の意味――モダリティと語用論の接点を探る――
　　　　　」『日本語教育』108号，日本語教育学会，60-68
福島泰正（2002）「『ぜひ』の機能と使用条件について―聞き手に何かさせることを意
　　　　　図した場合―」『日本語教育』113号，日本語教育学会，24-33
ポリー・ザトラウスキー（1993）『日本語の談話の構造分析』くろしお出版
彭　　飛（2004）『日本語の「配慮表現」に関する研究　中国語との比較研究における
　　　　　諸問題』和泉書院
牧原功（1995）「談話における副詞『ちょっと』の機能」関東日本語談話会
牧原功（2004）「状況提示型の策動性モダリティ」『日本語言文化研究』第五集　北京
　　　　　大学外国語学院・創価大学文学部編，51-63
牧原功（2005）「談話における『ちょっと』の機能」『群馬大学留学生センター論集』
　　　　　第5号，群馬大学，1-12
牧原功（2008）「不満表明・改善要求における配慮行動」『群馬大学留学生センター紀
　　　　　要』第7号，群馬大学，51-60
三尾砂（1948）『国語文章論』三省堂
三宅和子（2011）『日本語の対人関係把握と配慮言語行動』ひつじ書房
三宅和子・野田尚史他編（2012）『「配慮」はどのように示されるか』ひつじ書房
宮島達夫・仁田義雄編（1995）『日本語類義表現の文法（上）単文編』くろしお出版
守屋三千代（2003）「日本語の配慮表現―中国で作成された日本語教科書を参考に
　　　　　―」『日本語日本文学』第13号，創価大学，37-50

森山卓郎（2002）「可能性とその周辺―「かねない」「あり得る」「可能性がある」等の迂言的表現と「かもしれない」」『日本語学』第21巻第2号，明治書院，17-27
森山卓郎・仁田義雄・工藤浩（2000）『日本語の文法3 モダリティ』岩波書店
山岡政紀（2000）『日本語の述語と文機能』くろしお出版
山岡政紀（2004）「日本語における配慮表現研究の現状」『日本語日本文学』第14号，創価大学日本語日本文学会，17-39
山岡政紀（2008）『発話機能論』くろしお出版
山岡政紀（2016）「「カモシレナイ」における可能性判断と対人配慮」『言語の主観性―認知とポライトネスの接点』くろしお出版，133-150
山岡政紀（2018）「日本語配慮表現の分類と語彙リスト」『日本語コミュニケーション研究論集』第7号，日本語コミュニケーション研究会，3-11
山岡政紀・牧原功・小野正樹（2010）『コミュニケーションと配慮表現　日本語語用論入門』明治書院
山岡政紀・李奇楠（2007）「謝罪表現の日中対照研究」『村木新次郎教授還暦記念論集　日本語と中国語と　その体系と運用』，趙華敏他編，学苑出版社，224-236
李夏菁（2018）「談話における副詞「一応」の機能について―配慮表現としての機能を中心に」創価大学大学院文学研究科国際言語教育専攻修士論文
Anscombe, G.E.M.（1957）*Intentions*, Blackwell.
Austin, J.L.（1962）*How to Do Things with Words*, Oxford University Press.（邦訳：坂本百大訳（1978）『言語と行為』大修館書店）
Brown, P. and S. Levinson（1978）Universals in Language Usage: Politeness Phenomena, in E.N. Goody（ed.）, *Question and Politeness*, Cambridge University Press.
Brown, P. and S. Levinson（1987）*Politeness: Some universals in language usage*, Cambridge University Press.（邦訳：田中典子監訳（2011）『ポライトネス　言語使用における，ある普遍現象』研究社）
Bühler, K.（1934）*Sprachtheorie Die Darstellungsfunktion der Sprache*: Gustav Fischer Verlag.（邦訳：脇坂豊・植木迪子他訳（1983）『言語理論―言語の叙述機能』クロノス）
Cole, P. and J.L. Morgan（eds）,（1975）*Syntax and Semantics, Vol.3: Speech Acts*, Academic Press.
Goffman, E.（1967）*Interaction ritual: essays on face to face behavior*, Garden City.（邦訳：浅野敏夫訳（2002）『儀礼としての相互行為』法政大学出版局）

Grice, H.P.（1975）Logic and Conversation, in Cole and Morgan, op. cit., 41-58

Grice, H.P.（1989）*Studies in the Way of Words*, Harvard University Press.（邦訳：清塚邦彦訳（1998）『論理と会話』勁草書房）

Halliday, M.A.K.（1985）*An Introduction to Functional Grammar*. Edward Arnold.

Halliday, M.A.K.（1994）*An Introduction to Functional Grammar*. 2nd ed. Edward Arnold.（邦訳：山口登・筧寿雄訳（2001）『機能文法概説―ハリデー理論への誘い―』くろしお出版）

Ide, Sachiko（1989）Formal forms and discernment: Two neglected aspects of linguistic politeness. *Multilingua* 8-2/3: 223-248

Kant, Immanuel（1781/1787）*Auflage der Kritik der reinen Vernunft*,（邦訳：カント著，原佑訳（1966）「純粋理性批判上」『カント全集第4巻』理想社）

Lakoff, R.（1975）*Language and woman's place*. New York: Harper and Row.

Leech, G.（1983）*Principles of Pragmatics, Longman*.（邦訳：池上嘉彦・河上誓作訳（1987）『語用論』紀伊国屋書店）

Levinson, S.C.（1983）*Pragmatics*, Cambridge University Press（邦訳：安井稔・奥田夏子訳（1990）『英語語用論』研究社出版）

Mey, J.L.（1993）*Pragmatics An Introduction*, Blackwell（邦訳：澤田治美・高司正夫訳（1996）『ことばは世界とどうかかわるか』ひつじ書房）

Palmer, F.R.（1986）*Mood and Modality*, Cambridge University Press.

Searle, J.R.（1969）*Speech acts*, Cambridge University Press（邦訳：坂本百大・土屋俊訳（1986）『言語行為』勁草書房）

Searle, J.R.（1975）A taxonomy of illocutionary acts, in K. Gunderson（ed.）, *Language, Mind, and Knowledge, Minnesota Studies in the Philosophy of Science*, Vol. Ⅶ, University of Minnesota Press.

Searle, J.R.（1976）The Classification of illocutionary acts, *Language in society*, 5, 1-24

Searle, J.R.（1979）*Expression and Meaning: Studies in the Theory of Speech act*, Cambridge University Press.（邦訳：山田友幸監訳（2006）『表現と意味』誠信書房）

Sperber, D. and D. Wilson（1986）*Relevance: Communication and Cognition*, Blackwell.

Sperber, D. and D. Wilson（1995）*Relevance: Communication and Cognition*, Second Edition, Blackwell.（邦訳：内田聖二他訳（2000）『関連性理論』第2版 研究社出版）

Wilkins, D.A.（1976）*Notional Syllabuses*, Oxford University Press.

索　引

あ行

《挨拶》……………………………… 113, 123
曖昧性の除去（disambiguation）…… 63, 64
暗示的遂行文（implicit performative sentence）……………………………… 80

《言い直し要求》・《言い直し》………… 123
怒り………………………………………… 131
意義（sense）……………………… 8, 9, 23
《意志要求》・《意志表明》……………… 115
「いちおう」…………………………… 148, 173
一致の原則（agreement maxim）…… 126, 129
一般的な会話の推意（generalized conversational implicature）…………………… 47
井出祥子………………………………… 151
意図（intention）………………………… 93
意図明示推論的伝達（ostensive-inferential communication）………………………… 60
意味論（semantics）……………………… 19
依頼………………………………………… 131
《依頼》… 51, 107, 111, 141, 142, 147, 153, 156, 157, 163, 174
《依頼》・《協力》………………………… 116
隠喩………………………………………… 28

ウィルソン（Wilson, D.）……………… 55
《請負》（undertaking）………………… 100
宇佐美まゆみ…………………………… 150
《訴え》（Appel）………………………… 97

ウナギ文…………………………………… 25
FTA（face-threatening act）… 131, 132, 133
FTA 度計算式（computing the weightiness of an FTA）……………………… 137
《演述》（Darstellung）…………………… 97
{演述}（assertives）……………… 113, 120
演述行為（assertives）……… 88, 89, 91, 93

応用言語学……………………………… 22
オースティン（Austin, J. L.）………… 74
奥津敬一郎……………………………… 25
「お言葉に甘えて」……………………… 147
「お見事」………………………………… 167
「お安い御用」…………………………… 147
音韻論（phonology）…………………… 19
《恩着せ》………………………………… 121
音声学（phonetics）…………………… 2, 19

か行

《改善要求》・《改善》…………………… 116
《解任》…………………………………… 119
会話の推意（conversational implicature）… 46
会話の目的……………………………… 106
拡充（enrichment）…………………… 63, 65
「かもしれない」……… 153, 157, 158, 162
《感謝》…………………………… 106, 110
感謝表明………………………………… 132
《感謝要求》・《感謝》…………………… 121
慣習（convention）…………………… 155

慣習化（conventionalization）
.... 139, 155, 159
感情表出 132
《感情表出》 177
《感情要求》・《感情表出》 121
間接依頼表現 141
間接発話行為（indirect speech act）
.... 75, 77
寛大性の原則（generosity maxim）
.... 126, 127
《願望要求》・《願望表出》 122
換喩（metonymy） 28
《勧誘》 51, 147
《勧誘》・《参加》 117
慣用句 29
関連性（relevance） 56, 58, 59, 68
関連性の原則（maxim of relation）
.... 31, 43, 45, 48, 49, 50, 52, 55, 143
関連性理論 32, 55
緩和表現 169, 174, 176

気配りの原則（tact maxim）...... 126, 127
帰結推意（implicated conclusion）...... 60
記号学（semiotics） 73, 74
疑似主観性（pseudo-subjectivity） ... 105
機能（function） 101
機能シラバス 98
教育言語学 22
共感の原則（sympathy maxim）... 126, 130
共感表現 170
《共感表出》 112
《共感要求》 112
《共感要求》・《共感表出》 121
協調の原理（cooperative principle）
.... 31, 41, 43, 55, 125, 145
脅迫 131

《脅迫》 117
共有知識 11
《協力》 143, 153
《許可》
.... 106, 107, 108, 110, 114, 140, 153, 171, 175
《許可要求》 106, 108, 114, 140, 153
《許可要求》・《許可》 117
《拒否》 107, 118

草薙裕 1
グライス（Grice, P.） 40, 55
クレル文 35

敬意表現 151, 152, 154
敬意表現の定義 152
敬語 151
警告 131
形式文脈（formal context） 11
｛形成｝（formations） 113, 122
形態素（morpheme） 19
形態論（morphology） 19
《激励》・《決意表出》 122
言語外指示（deixis） 14
言語的文脈（linguistic context） 11
謙遜の原則（modesty maxim） ... 126, 128
謙遜表現 169, 174

語彙論（lexicology） 19, 20
行為（act） 101
行為遂行的発話（performative） 78
高次表意（higher-level explicature） ... 66
構文論（syntax） 21
効力（force） 8, 9, 13, 23, 81
《交話》 123
国語審議会 151
「御高名は伺っております」 151

索　引

《答え》（answer） ……………… 100
「ご多忙のところ」 ………… 147, 167
ことわざ ………………………… 36
《断り》 ………… 51, 111, 118, 147, 153, 157
コミュニケーション不全（dyscommunication） ………………… 24, 109
コミュニケーション理論 ………… 2
固有名詞 ………………………… 14
語用論（pragmatics） ……… 1, 2, 9, 19, 23
語用論的含意 …………………… 17
語用論的条件 …………… 103, 107, 108
語用論的条件の共有 …………… 109
コロケーション ………………… 36

さ行

サール（Searle, J.） ……………… 75
|策動|（deontics） ………… 113, 115
佐久間鼎 ………………………… 23
《参加》 ………………… 147, 171, 175
《賛同》 ……………… 112, 148, 153, 173
賛同表現 ………………… 170, 172
《賛同要求》 …………………… 112
《賛同要求》・《賛同》 ………… 120

自己（self） …………………… 127
|自告|（commissives） ………… 113
自告行為（commissives）
　…………………… 87, 88, 89, 91, 93
《自賛》 ………………………… 51
指示対象（referent） …………… 13
指示代名詞 ……………………… 12
事実確認的発話（constative） …… 78
指示付与（reference assignment） …… 63, 65
辞書的意味（lexical meaning） …… 20
《辞退要求》・《辞退》 ………… 119

叱責 ……………………………… 132
質の原則（maxim of quality）
　…………… 31, 43, 44, 48, 50, 52, 128, 144
《質問》（question） …… 100, 104, 114, 148, 174
《辞任要求》・《辞任》 ………… 119
社会言語学（socio-linguistics） …… 22
社会通念 ………………………… 12
謝罪 ……………………………… 133
《謝罪要求》・《謝罪》 ………… 122
《祝福》 ………………………… 122
《主張》 ………………………… 158
《主張要求》・《主張》 ………… 120
《受容》（accept） ……………… 100
準備条件（preparatory condition）
　……………………… 85, 103, 107
状況文脈（situational context） …… 13
賞賛 …………………… 128, 131
《賞賛》 ………………… 27, 111, 145
賞賛表現 ……………………… 169
《賞賛要求》・《賞賛》 ………… 121
《譲渡》 ………………………… 104
《譲渡要求》・《譲渡》 ………… 118
《承認》（acknowledgment）
　…………………… 100, 106, 111, 171
《承認要求》・《承認》 ………… 118
省略（ellipsis） ………… 15, 25, 26, 27
助言 …………………………… 131
《助言要求》・《助言》 ………… 117
処理労力（processing effort） …… 56
《進行要求》・《進行》 ………… 119
信念（belief） ………………… 93
心理言語学 …………………… 22

推意（implicature） …… 17, 30, 31, 47, 49, 60
遂行節（performative clause） …… 79
遂行動詞（performative verb） …… 79

遂行文（performative sentence）………79
推論（inference）……………………55
数理言語学……………………………22
《勧め》………………………………116
スペルベル（Sperber, D.）…………55
「すみませんが」……………………167

誠実性条件（sincerity condition）…85, 102
是認の原則（approbation maxim）
　………………………………126, 128
「ぜひ」…………………………153, 175
「僭越ではございますが」…………151
｛宣言｝（declarations）…………113, 118
宣言行為（declarations）…87, 88, 89, 91, 93
「ぜんぜん」……………………148, 171
前提推意（implicated premise）……60
羨望……………………………………131

憎悪……………………………………131
相互知識（mutual knowledge）……55
想定（assumption）………………56, 61
「そこそこ」…………………………165
ソシュール（Saussure, F. de）……74

た行

ダイクシス（deixis）…………………14
題述関係…………………………25, 26
｛対動｝（directives）…………104, 111
対動行為（directives）
　……………………87, 88, 89, 91, 93, 103
「大変ですね」………………………167
「たしかに」……………………148, 172
他者（other）………………………127
タブー…………………………………132
談話（discourse）……………………25

知識文脈（knowledge context）………12
《注意要求》・《注意表明》……………123
《忠告》………………………………158
《忠告》・《履行》……………………117
聴者……………………………………11
挑戦（dare）…………………………131
「ちょっと」………148, 153, 156, 161, 165
《陳述》（statement）…………100, 129, 148
陳述行為（state）……………………86
《陳述要求》…………………………112
《陳述要求》・《陳述》………………120
「つまらないものですが」……147, 163, 167

提案……………………………………131
提供……………………………………131
《提供》（offer）…………………100, 104
《提供要求》・《提供》………………116
提喩（synecdoche）…………………28
適合方向（direction of fit）…………91
適切性条件（felicity conditions）……75, 83
寺村秀夫………………………………1
伝達機能（communicative function）……98

《問い返し》…………………………123
動機づけ（motivation）……………155
統語論（syntax）…………………19, 21
動詞テイル形…………………………34
時枝誠記………………………………23
特定的な会話の推意（particularized
　conversational implicature）………47
「どちらかというと」………………167

188

索引

な行

「～ないと言ったら嘘になる」………… 176
中右実 ……………………………………… 1
永野賢 …………………………………… 24

日本語教育 ……………………………… 33
認知効果（cognitive effect）…………… 56
《認知表明》…………………………… 111
《認知要求》・《認知表明》…………… 118
《任命要求》・《任命》………………… 119

ネガティブフェイス（negative face）
………………………………… 131, 132
ネガティブポライトネス
（negative politeness）……………… 136
ネガティブポライトネス・ストラテジー
……………………………………… 140
念押し（reminding）………………… 131

は行

場 ……………………………………… 24, 152
配慮表現
 ……… 5, 68, 85, 139, 147, 148, 152, 154, 159
配慮表現の原理 ………………… 163, 164
配慮表現の定義 ………………………… 159
発語行為（locutionary act）……… 73, 74, 80
発語内行為（illocutionary act）
……………………………… 73, 74, 80, 103
発語内効力（illocutionary force）
………………………………… 8, 81, 82
発語内目的（illocutionary point）
……………………………… 82, 88, 90
発語媒介行為（perlocutionary act）

…………………………………… 76, 77, 80
発話（utterance）…………………… 8, 23
発話機能（speech function）…… 95, 98, 99
発話行為（speech act）……………… 83
発話参与者 ……………………………… 11
発話状況（speech situations）…… 8, 10, 24
発話の目的 ……………………………… 6
発話役割（speech role）……………… 99
場面 …………………………………… 12
場面指示 ……………………………… 12
場面論 ……………………………… 23, 24
《破門》……………………………… 119
ハリデー（Halliday, M.A.K.）……… 99
《判定要求》・《判定》……………… 119
反論 …………………………………… 132
《反論》……………………… 120, 153, 173

B&L（Brown, P. & Levinson, S.）
……………………… 125, 131, 138, 145
非難 …………………………… 128, 132
《非難》
…… 27, 111, 121, 141, 144, 145, 153, 156, 157
皮肉（irony）……………… 27, 28, 36, 51
批判 …………………………………… 131
ビューレル（Bühler K.）……………… 97
表意（explicature）…………………… 60
表現意図 ……………………………… 97
表現される心理状態（expressed psychological state）……………………… 92
描写行為（representatives）…… 87, 88, 103
《表出》（Ausdruck）……………… 97, 130
|表出|（expressives）………… 104, 113, 121
表出行為（expressives）…… 87, 89, 91, 93

フェイス（face）…………… 130, 132, 145
フェイス脅かし行為（face-threatening act）

189

……………………………………… *131*	ほのめかしのストラテジー ………… *143*
フェイス理論 ……………………… *145*	《ほめ》……………………………… *121*
《不許可》…………………………… *110*	ポライトネス（politeness）……… *30, 31*
複合格助詞 ………………………… *14*	ポライトネス・ストラテジー（politeness
《服従》…………………………… *109, 113*	strategy）……………………… *133*
侮辱 ………………………………… *132*	ポライトネスの原理（politeness principle）
不遜な態度（irreverence）…………… *132*	……………………… *125, 126, 145, 149, 170*
負担 ………………………………… *127*	ポライトネス理論 ……… *125, 130, 145, 149*
負担表現 ……………………… *168, 171*	本質条件（essential condition）……… *86*
不満 ………………………………… *131*	
《不満表出》………… *111, 122, 142, 143, 161*	**ま行**
《付与》(giving) ………… *99, 106, 109, 111*	
ブラウン（Brown, P.）……………… *125*	前置き表現 ………………………… *167*
文（sentence）……………………… *8, 23*	
文機能 ……………………………… *108*	三尾砂 ……………………………… *23*
文脈（context）…………… *11, 24, 60, 68*	《見舞い》…………………………… *122*
文脈効果（contextual effect）……… *59*	
文脈指示 …………………………… *12*	明示的遂行文（explicit performative sen-
文類型（sentence type）…………… *103*	tence）…………………………… *80*
	命題（proposition）………………… *99*
ヘッジ（hedge）…………… *139, 141, 145*	命題内容条件（propositional content con-
弁解 ………………………………… *132*	dition）………………………… *84*
	《命名要求》・《命名》……………… *119*
法（mood）………………………… *103*	命令 ………………………………… *131*
方言（dialect）……………………… *22*	命令（order）……………………… *82*
《報告》…………………………… *106*	《命令》(command) … *100, 104, 109, 113, 114*
《報告要求》…………………… *106, 111*	命令行為（order）………………… *84*
《報告要求》・《報告》……………… *120*	《命令》・《服従》………………… *115*
ポジティブフェイス（positive face）	メタファー（metaphor）…… *28, 51, 160*
……………………………… *130, 131, 133*	
ポジティブポライトネス（positive	《申し出》…………………………… *116*
politeness）…………………… *136*	モダリティ（modality）…………… *99*
ポジティブポライトネス・ストラテジー	「もの」…………………………… *153*
……………………………… *138*	
《補充要求》・《補充》……………… *123*	
ほのめかし（off record）……… *136, 143*	

や行

約束 ·· *131*
《約束》 ·· *116*
約束行為（promise）························ *86*
《約束要求》・《約束》 ···················· *116*
やりもらい表現 ································ *35*

《要求》（demanding）········· *99, 106, 111*
様態の原則（maxim of manner）
 ························ *31, 43, 45, 48, 49, 52, 144*
《容認》··· *106*
「よかったですね」···························· *167*
欲求（want）······································ *93*
呼び出し可能性（accessibility）··········· *62*
「よろしければ」································ *167*

ら行

リーチ（Leech, G）··························· *145*
利益 ··· *127*
利益表現··································· *168, 175*
量の原則（maxim of quantity）
 ························ *31, 43, 44, 48, 50, 52, 144*

レビンソン（Levinson, S.）················ *125*
連 ·· *106, 109*

論理的含意（entailment）··············· *17, 47*

わ行

話者（speaker）······························ *11, 69*

【著者略歴】

山岡政紀（やまおか まさき）
1962年，京都府生まれ。筑波大学第一学群人文学類卒業。
筑波大学大学院博士課程文芸・言語研究科単位取得。
現在，創価大学文学部人間学科教授。博士(言語学)。

牧原 功（まきはら つとむ）
1963年，茨城県生まれ。筑波大学第二学群日本語日本文化学類卒業。
筑波大学大学院博士課程文芸・言語研究科単位取得。
現在，群馬大学国際教育・研究センター准教授。

小野正樹（おの まさき）
1965年，愛知県生まれ。早稲田大学第一文学部卒業。
筑波大学大学院博士課程文芸・言語研究科単位取得。
現在，筑波大学大学院人文社会科学研究科教授。博士(言語学)。

新版 日本語語用論入門 ──コミュニケーション理論から見た日本語──

平成30年8月10日　初版発行
令和2年11月20日　3版発行

著　者　山岡政紀・牧原功・小野正樹

発行者　株式会社　明　治　書　院
　　　　　　　代表者　三　樹　蘭

印刷者　亜　細　亜　印　刷　株　式　会　社
　　　　　　　　　　代表者　藤　森　英　夫

製本者　亜　細　亜　印　刷　株　式　会　社
　　　　　　　　　　代表者　藤　森　英　夫

発行所　株式会社　明　治　書　院
〒169-0072　東京都新宿区大久保1−1−7
電話　(03)5292-0117　FAX(03)5292-6182
振替口座　00130-7-4991

Ⓒ Masaki Yamaoka, Tsutomu Makihara,
　 Masaki Ono　2018　Printed in Japan

ISBN978-4-625-70410-9
カバー・表紙・扉　板谷成雄